国际儒学联合会资助出版

典亮世界丛书

《道法自然　天人合一》，彭富春　编著

《天下为公　大同世界》，干春松、宫志翀　编著

《自强不息　厚德载物》，温海明　主编

《民惟邦本　本固邦宁》，颜炳罡　编著

《为政以德　政者正也》，姚新中、秦彤阳　编著

《革故鼎新　与时俱进》，田辰山、赵延风　编著

《脚踏实地　实事求是》，杜保瑞　编著

《经世致用　知行合一》，康　震　主编

《集思广益　博施众利》，章伟文　编著

《仁者爱人　以德立人》，李存山　编著

《以诚待人　讲信修睦》，欧阳祯人　编著

《清廉从政　勤勉奉公》，罗安宪　编著

《俭约自守　力戒奢华》，秦彦士　编著

《求同存异　和而不同》，丁四新　等　编著

《安不忘危　居安思危》，吴根友、刘思源　编著

国际儒学联合会·典亮世界丛书

天下为公
大同世界

干春松 宫志翀 编著

人民出版社

出 版 说 明

　　2014 年 9 月 24 日，习近平主席在纪念孔子诞辰 2565 周年国际学术研讨会暨国际儒学联合会第五届会员大会开幕会上的讲话中，提出了包括儒家思想在内的中国优秀传统文化中蕴藏着解决当代人类面临的难题的重要启示："关于道法自然、天人合一的思想，关于天下为公、大同世界的思想，关于自强不息、厚德载物的思想，关于以民为本、安民富民乐民的思想，关于为政以德、政者正也的思想，关于苟日新日日新又日新、革故鼎新、与时俱进的思想，关于脚踏实地、实事求是的思想，关于经世致用、知行合一、躬行实践的思想，关于集思广益、博施众利、群策群力的思想，关于仁者爱人、以德立人的思想，关于以诚待人、讲信修睦的思想，关于清廉从政、勤勉奉公的思想，关于俭约自守、力戒奢华的思想，关于中和、泰和、求同存异、和而不同、和谐相处的思想，关于安不忘危、存不忘亡、治不忘乱、居安思危的思想，等等。"习近平主席的重要讲话高屋建瓴，视野宏大，思想深邃，深刻阐明了中华优秀传统文化为人们认识和改造世界提供的有益启迪，为治国理政提供的有益启示，为道德建设提供的有益启发，对传承弘扬中华优秀传统文化具有长远的根本的指导意义。

　　为把学习贯彻落实习近平主席这一重要讲话精神进一步引向

深入，国际儒学联合会与人民出版社共同策划了"典亮世界丛书"。丛书面向对中华文化感兴趣的海内外读者，以习近平新时代中国特色社会主义思想为指导，结合新时代中国的治国理政实践，由在中华传统文化领域深耕多年的学者担纲编写，从浩如烟海的中华典籍中精选与这十五个重要启示密切相关的典文，对其进行节选、注释、翻译和解析，赋予其新的涵义，以帮助读者更好地理解中华优秀传统文化之于当代中国的价值，为解决当代人类面临的难题提供中国方案，让中国优秀传统文化同世界各国优秀文化一道造福人类！

我们应秉持历史照鉴未来的理念，传承创新包括儒学在内的中华传统文化，把那些跨越时空、超越国度、具有当代价值的文化精神弘扬起来，倡导求同存异，消弭隔阂，增进互信，促进文明和谐共生，弘扬和平、发展、公平、正义、民主、自由的全人类共同价值，为共创后疫情时代美好世界、推动构建人类命运共同体而努力。

国际儒学联合会、人民出版社

2022 年 4 月

目　录

导　言

　　历经百余年救亡图存、强国富民的不懈奋斗，中华民族迎来了实现民族伟大复兴的历史时刻。坚持中国特色社会主义道路，必须坚定道路自信、理论自信、制度自信和文化自信。习近平总书记指出："说到底是要坚定文化自信。文化自信是更基本、更深沉、更持久的力量。"在此意义上，如何正确认识中华优秀传统文化的内涵与特质，做好传统文化在当代的创造性转化与创新性发展，进而思考中国智慧为解决当今世界的时代难题与文明困局，为构建人类命运共同体提供具体方案，是当代至关重要的理论问题。

　　作为《典亮世界》丛书的分册之一，本书聚焦中国传统政治哲学的重要主题与内容。中国哲学自始就重视对政治秩序的反思。《淮南子·泛论训》谓："百家殊业，而皆务于治。"这是说，从春秋战国时期开始，诸子百家之间就在讨论诸如政治的构成原则、政治的发展模式、理想的秩序图景等问题，而贯穿在这些背后的又是对政治的性质与责任、政治与人民的关系的深刻思考。这些思考凝聚成了中华民族的文化经典，此后两千余年的文明史在经典的浸润下，不断地返本开新，形成了一贯且悠久的政治文化传统。为此，本册选取了120条经典语录，进行注释与解析，向读者展示传统的政治智慧。至于本册的主题，我们选用"天下为公"与"大同世界"概括，并将所选条目归纳为四个主题，以下分别介绍各主题的重点内涵。

一、公　私

考察"公"观念的起源，文献最早见于《尚书·周书》诸篇，指称周人的公爵。此后，《诗经》中的"公"字已然衍生出一系列与政事相关的语汇，指称公所、公事、公职、公物等意涵。也就是说，"公"的观念自始就与政治生活关联在一起，政治的性质与原则此后也体现在对"公"的意义阐释当中。至于"私"的观念，韩非所谓"自环为私"与《说文》所谓"自营为私"，可作为《诗》《书》中"私"字含义的总结，指由"己"所关系到的人、利益与事件。根据现有文献判断，在周代公与私还不构成一对关于政治的相反原则。

这一过程是春秋战国时期诸子百家争鸣所开启的。面对周制的崩坏以及诸侯兼并战争加剧，诸子都在重新思考政治的意义与构成模式。他们不约而同地由重构政治的"公共性"入手，并反思"私"对政治秩序的损害，将二者组成了反思政治的意义与构成的一对范畴。

诸子公私观的共通之处表现在两个方面。首先是效仿天地的廓然大公与无私。如《老子》言"天长地久。天地所以能长且久者，以其不自生，故能长生"。《礼记·孔子闲居》谓"天无私覆，地无私载，日月无私照"，三王之德在于能"奉三无私，以劳天下"。《管子》亦有"是故圣人若天然，无私覆也；若地然，无私载也"。《吕氏春秋》云"天无私覆也，地无私载也，日月无私烛也，四时无私行也，行其德而万物得遂长焉"。这开启了后世影响深远的"三无私"的政治文化传统。另一方面是从"天下"的维度扩充"公"的意涵。如《商君书》"尧舜之位天下也，非私天下之利也，为天下位天下也"。《吕氏春秋》"昔先圣王之治天下也，必先公，公则天下平矣，平得于公。……天下非一人之天下也，天下之天下也"。至于"天下"的实际表现，则在百姓万民身上，"公天下"的精神往往最终要落实为顺民心、保民生的事业。

与此同时，先秦诸子也认识到一己之私的僭越对政治秩序所构成的伤害。他们所反思的，既包括君主决策的专肆独断，也包括选职用官的任人唯亲，还包括视天下为一己与一家所有的政治制度。在此批判过程中，也就形成一系列追求政治的公共性的价值原则。例如选贤与能，它以天子之位的禅让为极致典范；再如执政者不蓄私产，天地间的自然物产供万民利用；又如要求执政者与民同乐、与民一体、以百姓心为心等。

其中特别是，家与国的公私分际问题逐渐显豁出来。家庭尽管作为人最自然的生活场域，它的亲缘关系却不应带入到面向天下万民的政治生活。这从儒家开始区分"门内之治恩掩义，门外之治义断恩"，再到当时流行的尧舜禅让故事和大义灭亲、举贤避亲的故事都反映出来。而这方面最理想化的反思则是儒家的大同小康之说。

二、大 同 小 康

先秦诸子共享着一种历史观：伴随着社会制度的发展，人类从纯朴友爱的生活下降为有分别与争斗的生活。如《礼记·曲礼》"太上贵德，其次务施报"，《韩非子》"上古竞于道德，中古逐于智谋，当今争于力气"，等等。这类描述大多还只是用德、礼等观念概括一段人类社会的发展史。真正明确勾勒文明秩序形态的，则从《礼记·礼运》开篇的大同小康说开始。

其分别以"天下为公"与"天下为家"来总括两种秩序形态，就将家国、公私的张力上升到了构成整个"天下"的秩序的层面。随后，大同"选贤与能"与小康"大人世及以为礼"，大同"人不独亲其亲，不独子其子"与小康"各亲其亲，各子其子"，大同"货恶其弃于地也，不必藏于己；力恶其不出于身也，不必为己"与小康"货力为己"，大同"讲信修睦""谋闭而不兴，盗窃乱贼而不作"与小康"谋用是作，而兵由此起"，等等，形成了各方面的鲜明对比。由此，《礼运》就不同于诸子其他仅仅是对质朴时代的追忆，而是通过大同、小康的秩序形态的对照，体现儒家所理解的"大道"，即人类最好秩序的诸基本原则。

并且，《礼运》的这些对照时时可与儒家的其他经典文献呼应。例如"人不独亲其亲，不独子其子"与《孟子》"老吾老以及人之老，幼吾幼以及人之幼"相通。这表明，儒家尽管承认家庭内的亲亲是人自然的情感与伦理，但也期许爱能够推扩到家庭之外面向一切人。只能做到前者的社会是小康，能全面做到后者的社会则是大同。再如"讲信修睦""谋闭而不兴"与《春秋》"古者不盟，结言而退"、《孟子》"春秋无义战"呼应，都体现出儒家贱谋抑霸，追求以信义为准绳的和平秩序。

总之在《礼运》的叙述中，大同高悬在三代之治上，这进一步丰满起了儒家对五帝时代的文明想象。先秦诸子这种共同的退化历史观，很大程度上旨在照临式地批判春秋战国当时的混乱局面。那么，在儒家五帝—三王的历史叙述下，还有更为直接切入现实的政治理论，就是王道与霸道之辨。

三、王 霸

"王道"一词最早见于《尚书·洪范》，指王者为政的原则与方式。"霸道"一词的出现，是对春秋时期王室衰微，先后继起的五伯统率诸侯的方式的一种概括。他们表面上打着尊王攘夷的旗号，但行事往往僭礼。这折射出他们真正意欲的是统率诸侯的霸主权力（"霸"与"伯"通），故称为"霸道"。降及战国，争霸战争进一步加剧，此时诸侯甚至不再打着正义的旗号，利欲之心已全然暴露。在儒家看来，这是王道失纪后，霸道进一步恶化加剧的历史性崩坏。

我们看到，孟子和荀子都提炼出王道与霸道的对照，由此正本清源地重申政治的正当性原则。他们的王霸之辨从多种角度展开。例如《孟子》的经典概括："以力假仁者霸，霸必有大国，以德行仁者王，王不待大。"这揭示出霸道必然追求力量的占有与扩张，而王道政治则是修德以来远。再如《荀子·王霸》开篇的纲领概括："故用国者，义立而王，信立而霸，权谋立而亡。"这分别出"义""信""权谋"三种维持政治秩序的原则，并点出其带来的后果。诸如此类的分析还有很多，此不烦举。

贯穿在王霸之辨背后的，是儒家对民生的关怀。因为兼并战争使得各国毫无节制地征发赋税和劳役，民不聊生。故面对梁惠王询问如何更多地获取民力，齐宣王询问如何在兼并战争中获胜，孟子都义正词严地坚称"保民而王""仁者无敌"。并且，孟子反复描绘一幅富足有礼的民生图景，提示诸侯这才是"王道之始"。此外，荀子也针对诸侯或贵卿的大肆聚敛，警示称"故王者富民，霸者富士，仅存之国富大夫，亡国富筐箧，实府库。筐箧已富，府库已实，而百姓贫：夫是之谓上溢而下漏。入不可以守，出不可以战，则倾覆灭亡可立而待也"。

儒家"王道"阐释的内在追求，是将"仁"的精神贯注在政治秩序的价值原则中，故"王道"的实质内涵也可以概括为"仁政"。仁政一方面是以政治生活为视野来理解"仁"的意义和作用，另一方面是在政治事业中最大限度地践行"仁"。要理解这两点，需要我们对"仁"的根本精神有真切体会，也才能贯穿上述公私、大同小康与王道、霸道诸学说的内在机理。

四、博 爱

尽管从《论语》中我们看到，孔子对"仁"有多种角度的表述，并且总是不轻易许人以"仁"，从而保持"仁"的理想性。但对于"仁"的定义，自战国两汉以至唐代有一个共同的传统，即以"博爱"言

"仁"。这接续了《论语》中"爱人"言"仁"的精练定义，也准确把握了仁学建立的根本特征。这是因为，"仁"的观念在周代仅局限为爱亲，而孔子将"仁"扩展为对"人"本身的、具有普遍向度的爱。"博爱"的定义抓住了这一点。并且，所谓"博爱"，正是以那些有限范围的爱为参照的，如个人的利欲或家庭内的亲亲之爱。所以，仁学的建立自始就内嵌着一种家国公私的张力。仁的普遍性一定是在古人所谓"天下"、今人所谓全人类社会的层面，才能得到彻底的落实。

此后，宋明儒学以"仁者与天地万物为一体""民胞物与"等观念，接续并扩充了仁学的精神传统。及至晚清，康有为、谭嗣同等人仍依据"仁"的精神，重新构想了一幅致力于全人类幸福的理想文明图景，并继续以"大同"为之命名。可见，儒家的仁学不只提供了一种待人接物的伦理准则，更将其转化为对人本身、对全体人类福祉的关怀，使儒家持续投身到对政治事业与社会制度的筹划中去。前所谓政治构成原则的公私之别、理想秩序图景的大同小康之异、政治发展模式的王霸之辨，都是儒家建立在仁爱精神之上的仁政思考的具体表现。正是这些思想积淀构成了中华民族最深层的精神追求和独特的精神标志。

习近平总书记曾指出："每一种文明都延续着一个国家和民族的精神血脉，既需要薪火相传、代代守护，更需要与时俱进、勇于创新。中国人民在实现中国梦的进程中，将按照时代的新进步，推动中华文明创造性转化和创新性发展，激活其生命力……让中华文明同世界各国人民创造的丰富多彩的文明一道，为人类提供正确的精神指引和强大的精神动力。"就本册选辑的主题与内容而言，它们为中国与世界、当下及未来都能提供极丰富的启示和借鉴，需要我们深入学习、继承和发扬。

例如，贯穿在本册诸多条目背后的是传统的"民本"思想。"国以民为本，社稷亦为民而立"，全心全意为人民服务是中国共产党的初心和根本宗旨。中国特色社会主义道路，就要坚持一切为了人民，一切依靠人民，始终把人民放在心中最高位置，把人民对美好生活的向往作为奋斗目标。那么，"民本"的重心应当是保民生，增进民生福祉是改革发展的根本目的。这必须多谋民生之利，多解民生之忧，着力解决人民群众最关心、最直接、最现实的利益问题，把最好的资源留给人民，推动改革发展成果更多更公平地惠及全体人民。并且，在发展中补齐民生短板，就业、教育、社保、医疗等公共领域加大投入力度，促进社会公平正义，推动共同富裕取得更为明显的实质性发展。"江山就是人民，人民就是江山，打江山，守江山，守的是人民的心。"我们在全面建设社会主义现代化强国的征程中，一个也不能少，而在未来共同富裕的道路上，一个也不能掉队。

进而，实现中国特色社会主义必须坚持党的领导，中国共产党立党为公、执政为民的宗旨，继承了传统公私严明、天下为公的精神。习近平总书记引用"与天下同利者，天下持之；擅天下之利者，天下谋之"这句古语，强调中国共产党没有自己特殊的利益，党在任何时候都把群众利益放在第一位。这就要求各级干部与官员，始终与人民心心相印，与人民同甘共苦，与人民团结奋斗。加强党性修养，严守公德，做到心底无私天地宽。深入推进全面从严治党，坚决扫除一切消极腐败现象。

在全球秩序层面，我们始终坚持和平、和睦、和谐是中华民族5000多年来一直追求和传承的理念，我们也始终相信和平、发展、公平、正义、自由是全人类共同价值，国与国相处要平等对待、互尊互信。面对严峻的全球性挑战，面对人类发展在十字路口何去何从的抉择，各国应有以天下为己任的担当，坚持要开放不要封闭，要合作不要对抗，要共赢不要独占，让多边主义的火炬照亮人类前

7

行之路，倡导不同文明间的交流互鉴，向着构建人类命运共同体不断迈进。世界要公道，不要霸道，中国作为大国始终是世界和平的建设者，全球发展的贡献者，国际秩序的维护者。

第一篇

公私

公私分际是政治生活的内在要求。先秦诸子已然明确提出了区别公私的要求。『公』的观念一方面要求仿效天地日月的普遍无私，另一方面以天下最广大的人民利益为根本。在政治生活中一切有违公共、公平、公正等原则的举动，无论出于人的偏好、利欲或亲属关系，都是私的行为。

宽则得众，信则民任〔1〕焉，敏则有功，公则说〔2〕。

——《论语·尧曰》

注释

〔1〕任：任用。如政令言而有信，民众就不疑惑，愿意效劳。

〔2〕说：通"悦"，愉悦。如政教举措公正，则民众衷心喜悦。

译文

（为政者）宽和则人心思归，诚信则民力可用，勤勉则功业可成，公正则百姓安乐。

解析

《论语》是记录孔子及其弟子言行的语录体文集，"论"读"伦"，指首尾秩次井然，道理周备。全书共20篇492章，选文出自第489章，全章记述尧、舜、禹的禅让和商汤、周武王的誓词。这是武王的最后一句话，强调政德与民心的感通呼应。

《论语》中"公"字有两义：一是"公室"，指国君朝堂；二是"公道"，指处事公正。"公道"，并不是"法律面前人人平等"的法治主义，而是"礼制面前一视同仁"的礼治精神。

传统中国常言"为官不能一日无德"，崇尚政德示范，认为宽和、诚信、勤勉、公正的品格，既能规训权力，又能汇聚民众向善的正能量。德治从思想根源上杜绝以权谋私、结党营私、假公济私的利己主义，保证"情为民所系，权为民所用，利为民所谋"，让公平正义感洋溢在百姓的心头。

公事不私议〔1〕。

——《礼记·曲礼》

注释

〔1〕私议：私自商议。

译文

（公职人员）不私自商议公事。

解析

在儒家六经系统里，《礼记》和《仪礼》《周礼》并称"三礼"。《曲礼》是《礼记》首篇，主要记载日常生活细微的礼节，如饮食、言语、洒扫、应对等。

"公事不私议"不是不许老百姓谈论国家大事的意思，而是禁止公职人员私自商议公事。它区分了公共空间与私人空间，明确了公共事务应该在公共场合决策、付诸公论。作为制度安排，它着力促进政务公开、政府透明，规避权力运用的灰色地带，保障社会的公平正义。

"公事不私议"的规矩，对后世有深远影响。比如，古人将私下拜会官员（"私谒"）看成不光彩的行为。因为"公道达而私门塞，公义立而私事息"（荀子语），秉公处事，常明公义，为个人私利找门路、跑关系的事自然会杜绝。只有公职人员不分公私，私门洞开，私谒者才会趋之若鹜，络绎不绝。

门内〔1〕之治恩〔2〕掩义〔3〕；门外之治义断恩。

——《礼记·丧服四制》

注释

〔1〕门：即"路门"，古代寝宫的大门；后泛指家门。

〔2〕恩：仁也，亲亲之情。

〔3〕义：理也，尊尊之等。

译文

治家要以亲情掩公义，治国要用公义断亲情。

解析

《丧服四制》是《礼记》最后一篇，主要论述仁义礼知的精神如何体现在丧服制度当中。亲情之公在于恩，国事之公在于义，本条引文以家门为界限，划定了恩与义的不同优先范围。

古代丧礼分五等，父丧和君丧同等，都要服三年斩衰（斩衰用粗麻布一裁而成，断处不缉边，意在尽情表达哀痛）。由是产生亲情和公义孰先的问题。为此，《礼记》提出家内恩大于义、家外义先于恩的办法。在家内，要优先维持家庭和睦，要首先讲感情、付出和让步，而不是计较各自的对错。这是"恩掩义"。一旦牵涉公事，则用公义来裁断亲情，不能为了照顾自家利益，牺牲公共福祉。这是"义断恩"。

"恩掩义"和"义断恩"，是古人处理家国关系的高明智慧。既不允许借公义之名破坏家庭和睦，也不允许因顾念亲情而滥用公

天下为公　大同世界

13

权。在任何时代，大义都不是灭亲的合法依据，亲情也不是腐败的正当理由。

子夏〔1〕曰："三王〔2〕之德，参〔3〕于天地，敢问何如斯可谓'参于天地'矣？"孔子曰："奉三无私，以劳〔4〕天下。"子夏曰："敢问何谓三无私？"孔子曰："天无私覆，地无私载，日月无私照。奉斯三者，以劳天下，此之谓三无私。"

—— 《礼记·孔子闲居》

注释

〔1〕子夏：卜商，字子夏，孔子晚年弟子，长于文学，传六经。

〔2〕三王：夏禹、商汤和周文王。

〔3〕参：通"叁"，并立为三。

〔4〕劳：劳徕，慰劳。

译文

子夏问："三王德行与天地并立，请问如何才能'与天地并立'呢？"孔子说："奉行'三无私'精神来治天下。"子夏问："请问'三无私'是什么意思？"孔子说："天无私地覆盖，地无私地承载，日月无私地照耀。效法三者的精神来治天下，就叫'三无私'。"

解析

《孔子闲居》主要记载在家闲居的孔子与子夏有关《诗经》的问答。本条引文，孔子借用天地日月的类比，揭示"无私"乃夏商周三代之治的实质。这也是"无私"一词在典籍中的最早出处。

天地无不覆载、日月从无私照的无私精神，蕴含丰富的治国理政启示。一是要一视同仁地关爱万民，将天下付于天下人。二是要有恢宏气度，倾听不同意见，容纳人的差异。三是要不计个人利害得失，全身心付出，换来民众的温暖感和安全感。

三无私精神体现了中国天人合一的哲学理念和人类命运与共的共同体意识。它与《礼运》"天下为公"的情怀一脉相承，又将政治视作与天地精神相通的崇高事业，用天地境界来勉励从政者的追求，提升了政治理想的坐标高度。

子言之曰："后世虽有作者〔1〕，虞帝〔2〕弗可及也已矣；君天下，生无私，死不厚其子；子民如父母，有憯怛〔3〕之爱，有忠利之教。"

——《礼记·表记》

注释

〔1〕作者：制作礼乐的王者。

〔2〕虞帝：舜，名重华，号有虞氏，五帝之一。

〔3〕憯怛：同"惨怛"，伤痛悲苦。

译文

孔子说："后世再有王者，也无法比肩虞舜了。他生前治天下无私，死后不厚遗子孙；对待百姓，像对子女一样，同情关爱，尽心教诲。"

解析

《表记》是《礼记》第三十二篇。"表"的意思是"表率"，树立楷模，以便有志者对照自勉。

舜成为中国历代统治者的典范，原因在于他无私。爱子之心，人皆有之。普通人爱子，便只想为小家庭谋福利。而舜则能推己及人，爱民如子。为民父母，不是管教和控制民众，而是操心和关爱其生活。念兹在兹的是民生艰难，辛苦操劳的是饥渴温饱，满心希望的是良风善俗。他视天子之位为天下公器，有权不任性，一切从民众根本利益出发，传贤不传子。

天下为公　大同世界

　　小康之治"各亲其亲，各子其子"，是家庭本位；大同之世则
"选贤与能，讲信修睦"。虞舜禅让，崇德尚贤，不仅超越了个人得
失，也超越了家庭本位。他始终践行"天下为公"的理念，一心为
全体民众谋幸福，真正难以企及。

怒不过夺，喜不过予[1]，是法胜私也。《书》[2]曰："无[3]有作好，遵王之道。无有作恶，遵王之路。"此言君子之能以公义胜私欲也。

—— 《荀子·修身》

注释

〔1〕予、夺：给予、褫夺。

〔2〕《书》：《尚书·洪范》篇。

〔3〕无：通"毋"，不。

译文

愤怒不过罚，欢喜不过赏，是礼法战胜私心（的表现）。《尚书》说："不徇私好，践行王道；不徇私恶，践行王路。"这是说君子能用公义战胜私欲。

解析

荀子是战国儒家的殿军，也是诸子百家的集大成者，作品编为《荀子》32篇。《修身》篇主要论述君子遵循礼义修养身心的方法。

平常人们习惯依据个人情感来判断人、事对错。欢喜时，少劳多得，愤怒时，罪轻罚重。这种情绪化，有违公正原则。因此，要赏罚相称，必须超越个人的私情，归于礼法的公度。

礼与法，都能止争去乱，但礼的内涵更广。不仅指圣王制定的行为规范（法），也包含法的精神——公义，即分配正义。只有遵照法律规范，又领会其公义精神实质的人，才称得上道德君子。

荀子的公私观蕴含特殊的法治精神。他用分配正义奠基法律之治，又用礼的精神统一法律之治与道德修身两个维度。这一精神，为中国特色社会主义法治将依法治国与以德治国相结合，提供了宝贵经验。

天长地久。天地所以能长且久者，以其不自生〔1〕，故能长生。是以圣人后其身而身先〔2〕，外其身而身存。非以其无私邪？故能成其私。

——《老子·第七章》

注释

〔1〕不自生：不自私其生。

〔2〕后其身而身先：先人后己的人，天下敬为长。

译文

天长地久。天地之所以能长久，是因为它们不自私其生，反而能长生。因此，圣人先人后己，却为人先；置身不顾，却全身远害。不正是由于它无私吗？反而能成全其私。

解析

《老子》相传为春秋末期老子所著，全书八十一章，五千言，旨在"言道德之意"。

第七章探讨天地长生久视、圣人万古流芳，结论是天地和圣人都以无私成全其私。天地无心，没有自我意识，利万物而不利己，反而维持了自身的稳定平衡。圣人效法天地，治天下不突出自我，不计较个人利害，将治理对象置于首位，反而功名远播。

老子用"相反相成"的辩证思维，揭示个人与整体利益一致、利他往往转化为利己的道理。希望成就功业的人，必须注意不把自己的意欲和利害摆在前面，把小我融入大我，把个人的发展融入人类的进步事业。

　　反观个人中心主义，将个人置于整体之上，不但无助于成其
"私"，而且祸害他人，可谓得不偿失！对此，老子去除对自我执念
的告诫，不啻为一剂良药。

知常〔1〕容，容乃公，公乃王〔2〕，王乃天，天乃道，道乃久，没身〔3〕不殆。

——《老子·第十六章》

注释

〔1〕常：常道，本原。

〔2〕王：周遍。

〔3〕没身：终身。没，读"殁"。

译文

知常道则包容，唯包容才公平，唯公平才周遍，唯周遍才如天，唯如天才体道，唯体道才长久，可终身免于危殆。

解析

《老子》第十六章义理深湛，前半节探讨悟道的功夫，后半截描述知道的境界，选文出自后者。

"知常容，容乃公"，要公正，先包容，而包容源自正确知晓天地常道。"复命曰常"，"常"即复归生命本源，"天地之根"（孕育天地的本原）。万物生于其中，又复归其中，这便是天地之常道、万物之常态。既然万物同出同归、命运与共，那么，迷惑于事物的差别、人为制造隔离，便是错误的。一母同胞，一损俱损，只有兼收并蓄，求同存异，才能共生共存、共同繁荣。

当前针对全球治理，中国提出构建人类命运共同体，正是有鉴于万物同生共构的道理。中国主张扩大全球治理主体，国家无论大小、贫富和强弱，都是新秩序的建构主体，正是试图通过包容性发展来建设一个更加公平合理、互利共赢的全球治理新体系。只有这样，才真正顺应天地自然之道，人类文明才有永续发展的可能。

圣人无常心〔1〕，以百姓心为心。善者，吾善之；不善者，吾亦善之；德善。信者，吾信之；不信者，吾亦信之；德信。圣人在天下，歙歙〔2〕焉，为天下浑其心，百姓皆注其耳目，圣人皆孩之〔3〕。

——《老子》第四十九章

注释

〔1〕无常心：帛书《老子》乙本作"常无心"。

〔2〕歙歙（xī xī）："歙"，收敛。"歙歙"，形容圣人极力收敛个人好恶，犹如吸气入内。

〔3〕孩之：如同保育赤子。

译文

圣人常无心，以百姓心为心。（百姓）好，我善待之，不好，我也善待之；善斯成德。（百姓）有信，我信任，无信，我也信任；信斯成德。圣人处天下，尽力收敛（个人好恶），以浑融之心对天下，百姓视听集于圣人，圣人（对百姓）如同保育赤子。

解析

本章主旨在于反对价值标准的教条化。治国教民好比照料婴儿，满足他的需要，比讲道理、论对错更重要。

表面上，不立价值标准，百姓将无所适从；反过来看，对特定文化价值的执着，会造成对其他文化价值的排斥。因此，老子不立价值，不是道德相对主义，而是为了消解价值冲突；是不要单一群体的相对价值，要自然和谐的绝对价值。

　　在现代，多元文明的存在是事实。文明没有高下、优劣之分，只有特色、地域之别。我们不能以一种文明取代其他文明，以一种价值否定其他价值。"和羹之美，在于合异。"不同文明完全可以交流互鉴，取长补短，以文明交流超越文明隔阂，以文明互鉴超越文明冲突，以文明共存超越文明优越，共同应对全球挑战，共同缔造人类美好未来。

先王善与民为一体〔1〕。与民为一体，则是以国守〔2〕国、以民守民也，然则民不便为非矣。

——《管子·君臣上》

注释

〔1〕旧注："以百姓心为心，故言一体。"意为先王能听从民意，与民如同一个整体。

〔2〕守：治理。"守"的本义是掌管法度的人，引申为用法度治理。

译文

古代圣王善于与人民联结成一个整体。与人民联结成一个整体，就是依照国家的意愿来治理国家，依照人民的意愿来治理人民，这样人民就不容易做出违法的事了。

解析

《管子·君臣》上下篇集中论述了为君之道、为臣之道及君臣关系，主张君臣各司其职、互不侵害才能治理好国家。本条论及了君道的重要内容，即君主只有全面听取民众的意见，才能使法令符合广大人民的普遍利益。这种观念反对君主把国家当成自己的私产，仅凭自己的喜好进行治理。反之，若能依照人民的意愿来制定法律法规，执政者和人民大众就不是对立的两方，而能结成命运共同体，同进同退，共荣共辱。不仅如此，由于法律以民意为基础，人民触犯法律的可能性也就大大降低了。把"不便"译为"不容易"而非"不方便"，就是强调君民双方的一体性而非对立性。只有人民才最清楚自己需要什么，听取民意，顺应民心，是提高人民幸福感的唯一途径。

与天下同利者，天下持〔1〕之；擅〔2〕天下之利者，天下谋之。〔3〕

——《管子·版法解》

注释

注释

〔1〕持：扶持，拥护。

〔2〕擅：专有，独占。

〔3〕《版法解》是对《管子·版法》篇的逐句解说，"版法"即写在木版上的施政原则，本条是对《版法》最后一句"安高在乎同利"的解说，主张"与民同利"。

译文

能与天下之人一起谋求利益者，所有人都会拥护他；独占天下人利益者，所有人都会对付他。

解析

人民的利益是政治中最核心的因素。人民若缺少物质生活资料就无法生存，所以民心向背很多时候不是比谁的血统更纯正，谁的口号更响亮，而是谁更能让百姓吃饱饭。不能保障人民生存权利的统治注定要失败。

从整体上看，本条并非讨论如何获取利益，而是指执政者和百姓的共生关系：前者保障后者的利益，后者认可前者的地位。这就是说，之所以要强调与民同利，恰恰是要把利归于民，君但凡言利，必须是站在民的立场，而不是自己的立场。

天下为公　大同世界

　　值得一提的是，诸子百家往往强调执政者与百姓利益的差异性，换言之，"同利"的"同"不是相同，而是共同。双方不是追求相同的利益，而是共同追求各自的利益，只有这样才能避免君民间的争夺。毋宁说，正因为利的内容不同，双方的合作关系才更稳固，共赢也才更可能。

是故圣人若天然，无私[1]覆也；若地然，无私载也。私者，乱天下者也。凡物载[2]名而来，圣人因而财之[3]，而天下治。

——《管子·心术下》

注释

〔1〕私：私心，与下文的"因循"相对。

〔2〕载，承载。

〔3〕因：因循。财：通"裁"，裁断，安排。

译文

因此圣人像天一样，不出于私心而覆盖，像地一样，不出于私心而承载。私心是扰乱天下秩序的东西。凡物都有它的名称，圣人据此安排万物的位置，天下就能安定。

解析

如果说《礼记》中的"三无私"是阐明治理的原则，那么本条的无私就是在讨论治理的依据。治心是治国的前提，执政者的心如果被外物扰乱就不能作出正确的判断和恰当的安排，那么天下的秩序就会混乱。因此，只有保持心的虚静和专一，才能顺应万物又不受万物的驱使。由此看来，这里所说的无私不是从利害关系上讲，而是指执政者不要用自己的私心即主观认识扰乱天地万物本来的秩序。万物本就各有特性，良好的政治秩序只是因循和发挥这种特性。

用"因循"来解释"无私"充满了黄老学的特色。它不像儒家那样强调执政一方的德性，而是直接把目光投向万物自身，指出治国的标准不出自执政者的主观愿望，而应符合天下万民的本性和需求。

尧舜之位[1]天下也，非私[2]天下之利也，为天下位天下也。

——《商君书·修权》

注释

[1] 位，同"莅"，统治。

[2] 私，独占，与"擅天下之利"相近。

译文

尧舜统治天下，不是把天下的利益据为己有，而是为天下人统治天下。

解析

《商君书》是法家代表人物商鞅及其后学的作品，主张通过严刑峻法、鼓励农战来增强国家实力，《修权》篇则集中讨论了"任法去私"的重要性。

法家的严刑峻法历来被儒家士大夫所诟病，到了现代又往往被视为一种专制主义，与儒、墨等家的民本思想有明显的差别。本条提出的"为天下位天下"却显示了法家学说的不同面向。篇名虽然是"修权"，文章的着眼点却在任法与公私，这显然是说修整权力必须通过任法去私来实现。这意味着法家虽然高倡君权，却不是为统治者个人的利益服务，甚至还要反对君主独占天下之利。他们最终要谋求国家的整体利益，应该说是一种国家本位，而不是君主本位。另一方面，《修权》认为，虽然三王五霸在治国的方式上有很大的差别，但都是为公而不是为私，这与乱世君臣以私利为导向的做法全不相同。如果把这种观点再加以延伸，那么不论古代社会还是现代社会，政治的目的都应该是公的而不是私的，不论采用何种治理方式，政治都不可沦为谋取私利的工具。

昔先圣王之治天下也，必先公〔1〕，公则天下平矣，平得于公。尝试〔2〕观于上志〔3〕，有得天下者众矣，其得之以公，其失之必以偏。凡主之立也，生于公。

——《吕氏春秋·贵公》

注释

〔1〕公：公正，与"偏"相对。

〔2〕尝，即试，二字同义联用。

〔3〕上志：古代的典籍。

译文

先代的圣王治理天下，必定先做到公正，能做到公正天下就太平了，太平是出于公正的。试看看古代的典籍，曾经占有过天下的人很多了，他们得到天下是由于公正，他们失去天下一定是由于偏私。大凡君主的确立都是由于他的公正。

解析

《吕氏春秋》是秦相吕不韦集门客共同编撰而成，成书于秦统一中国前夕，吸收了春秋战国以来诸子百家的优秀思想，自认为"备天地万物古今之事"，有融汇百家、统一学术的意味。《贵公》篇指出君主在治国中应该公正无私，将其安排在十二纪之首本身就突出了"公"在政治中的优先地位。

本条典文的特点在于它讨论了公和平之间的关系。我们现在所说的"公平"主要是指公正和平等两条原则，这里的"平"则包含着"和谐"的意思,即一种天下万物都能不受偏袒地和谐共存。如果说前几条是从治天下的角度辨别公私,这里更指出公正是得天下,即政权合法性的基础。一个不能贯彻公正的政权是不可能存在下去的。

天下非一人之天下也，天下之天下也。阴阳之和〔1〕，不长一类；甘露时雨，不私〔2〕一物；万民之主，不阿〔3〕一人。

——《吕氏春秋·贵公》

注释

〔1〕和：调和。

〔2〕私：偏爱。

〔3〕阿：偏袒。

译文

天下不是一个人的天下，是天下人的天下。阴阳二气的调和，不会只生长一种东西；甘美及时的雨露，不会只滋润个别事物；天下万民的治理者，也不能偏袒于特定的人。

解析

"天下是天下人的天下"这句话是古代民本思想的重要表达，也是政权的合法性的根本来源。正如阴阳、雨露不是为个别事物而产生一样，君主治理国家也不能只着眼于少部分人。这里的"私"是偏私，不是自私，二者所要求的对象是不一样的。就君主代表国家来说，他显然应该做到不偏私，对所有人一视同仁；同时君主也是有欲望的个体，他又需要做到不自私，不把国家当成自己的私产。虽然自私的后果看上去比偏私严重，但是自私容易显现，偏私却常常会被遮盖，反而更应警惕。

以现代的眼光来看这句话还有更深刻的意义。这就是说，天下既然是天下人的天下，那么天下人也就是天下的所有者，天下是天下人的共同财产，天下人有权共同决定如何处置这一财产，任何形式的执政者都只是帮助天下人来管理这份财产而已。

尧有子十人，不与〔1〕其子而授舜；舜有子九人，不与其子而授禹：至公也。

——《吕氏春秋·去私》

注释

〔1〕与：授予。

译文

尧有十个儿子，他不把天子位传给儿子，却给了舜；舜有九个儿子，他不把天子位传给儿子，却给了禹：这是最大的公。

解析

《去私》篇紧随《贵公》之后，虽然分作两篇，讨论的主题却是基本重合的，因而《贵公》中有"不私"，《去私》中也讲"至公"。两篇内容前后相随至少有两方面含义。其一，在先秦思想中，"公"通常是通过"无私"而得到明确的，《韩非子·五蠹》甚至依据字的构造而指出"背私谓之公"，所以贵公就要不私，去私才能至公。其二，相较而言，《贵公》重点强调公就是要保障万物的生存，《去私》则着眼于执政一方应尽力做到去私。所以有以前者为目标，以后者为手段的意义。

关于禅让，《孟子》特别强调"天子不能以天下与人"，不是天子作出选择，而是天和人民作出选择。这里则明确地讲是尧舜自己决定把天子之位给谁或不给谁。本条还特意把"有子十人"作为禅让的背景，这自然是为了加强尧舜在选择后继者时体现出的公私之

间的张力。虽然不及《孟子》深刻，但《吕氏春秋》在树立去私的
榜样上显然是成功的。以天下之重和十子之多，才足以显出尧舜无
私的彻底性。

天无私覆也，地无私载也，日月无私烛〔1〕也，四时无私行〔2〕也，行其德而万物得遂〔3〕长焉。

——《吕氏春秋·去私》

注释

〔1〕烛：照亮。

〔2〕行：运行。

〔3〕遂：成功，实现。

译文

天不为个别物覆盖，地不为个别物承载，日月不为个别物照耀，四时不为个别物运行，它们都只是发挥自己的德性，万物就得以实现它们的生长。

解析

至此已经有三条材料用"天无私覆"这一观念来说明公私的问题，但是相应的译文却不尽相同，这是因为至公无私本身就有非常复杂的内涵，而不同的文本在言说的时候又各有侧重。如果说前面不自私、不偏私是从行为对象上作出区分，那么这三条的不同就是行为原则上的差异。或者我们可以更直接地将其依次概括为治理原则、治理依据和治理方式。

《礼记》条的重点在奉行天道，《管子》条的重点在因循万物，本条的重点则在"行其德"一语。它首先有"为政以德"的意思，天地日月四时之德是万物得以生长的依据，君主之德亦然。但它并不像《论语》那样讲君主应如北辰端居其位。把行德与无私联系起来讲，其含义只能是行德中的无私，也就是不为个别人行使政治权力。执政者不偏私，人民才能同等地享受国家政策所带来的利益，才可以过上好的生活。由此而言，本条比前两条有更强的现实意义。

庖人〔1〕调和〔2〕而弗敢食，故可以为庖。若使庖人调和而食之，则不可以为庖矣。王伯〔3〕之君亦然，诛暴而不私，以封天下之贤者，故可以为王伯。若使王伯之君诛暴而私之，则亦不可以为王伯矣。

——《吕氏春秋·去私》

注释

〔1〕庖人：厨师。

〔2〕调和：调和五味，即烹饪。

〔3〕伯：同"霸"，春秋时诸侯的首领。

译文

厨师烹调五味而不敢自己吃，才可以让他当厨师。假如厨师烹调后自己吃了，那就不能让他当厨师了。称王称霸的君主也是这样，诛杀暴君而不私占其土地，而是用它来分封天下贤能的人，所以才能成为王者或霸主。假如王霸之君诛杀暴君却私占其土地，那就同样不能成为王者或霸主了。

解析

"诛暴而不私"这种观念在先秦一直都有，这里是通过将王伯之君比喻为庖人来说明"不私"的道理。它的特别之处在于，庖人是以烹饪为职业的，这自然要求他把服务他人的工作和自己的生活消费区分开来。同样，治理天下、国家也是执政者的工作而非私事，他不应把自己治理的对象视为他的私产。通过这个比喻，《吕氏春秋》再次申明了天下是天下人的天下这一观念，执政者是人民的公仆，他虽治理天下，却不拥有天下。

故为天下长虑，莫如置〔1〕天子也；为一国长虑，莫如置君也。置君非以阿〔2〕君也，置天子非以阿天子也，置官长非以阿官长也。

——《吕氏春秋·恃君》

注释

〔1〕置：设置，设立。

〔2〕阿：迎合。

译文

因此为天下作长远的考虑，没有比设立天子更好的了；为一国作长远的考虑，没有比设立国君更好的了。设立国君不是为了迎合国君的私利，设立天子不是为了迎合天子的私利，设立官长不是为了迎合官长的私利。

解析

"恃君"字面上的意思是依赖君主，但《恃君》篇实际强调的并不是君主个人，而是君主这个角色，是"君道"，是以设立君主的方式把人们组织成一个群体。作者认为，人类个体的能力非常有限，但正因为能结成群体，才可以制服禽兽，抗御寒暑，保障自己的生存条件，而君主正是其中的核心角色，这与荀子的观点非常接近。作者进而指出设立君主不是为了迎合君主的私利，国家从产生的那天起就是为了国民的整体利益服务的。甚至君主和君道之间经常会出现矛盾和冲突，这种时候，否定、推翻某个君主恰恰是为了维护君道。这种对政治的基本作用的回溯，实际上就是对执政者的初心的追寻和坚守。

解狐荐〔1〕其仇于简主以为相，其仇以为且幸释〔2〕己也，乃因往拜谢。狐乃引弓迎而射之，曰："夫荐汝公也，以汝能当之也；夫仇汝吾私怨也，不以私怨汝之故拥〔3〕汝于吾君。"故私怨不入公门。

——《韩非子·外储说左下》

注释

〔1〕荐：推举。

〔2〕释：释放，原谅。

〔3〕拥：通"壅"，遮蔽。

译文

解狐举荐他的仇人给赵简子当执政官，他的仇人因此认为解狐将要原谅自己，于是前往拜谢。解狐却拉开弓迎上来射他，并说："推荐你是公事，因为你能担任这个职位；仇恨你是我的私怨，我不会因为私怨而让我的君主不能任用你。"所以说不能把私怨带入公门。

解析

与本条内容相近的另一个表达是"外举不避仇，内举不避亲"，但是这里通过举荐以后的冲突以及解狐的话，强化了公事和私怨之间的张力，使"私怨不入公门"这个主题更具有震慑人心的力量。韩非子非常强调公私的对立，在他看来，公事和私事本来就是分属不同领域的，理应分开，在公事的领域依赖私人感情不只是错误的，更会对公事造成损害。"不入"这个说法其实就有划分领域的意思。这与《礼记》的门内、门外之治的区分也是非常一致的。政治是公共事务，不仅私怨不能入公门，私恩也一样，任何私人感情的介入必然导致公事私办，甚至公报私仇、假公济私，乃至于扰乱公共生活。

臣闻天生烝民〔1〕，不能相治，为立王者以统理之。方制海内，非为天子，列土〔2〕封疆，非为诸侯，皆以为民也。……明天下乃天下之天下，非一人之天下也。

——《汉书·谷永传》

注释

　　〔1〕天生烝民：语出《诗经·大雅·荡之什》。烝：众。烝民即众民。

　　〔2〕列土：即裂土。

译文

　　臣下听说上天生育众民，知道他们不能自己治理自己，为他们设立君王来统治治理。在四海之内划分出九方（九州），并不是为了天子，把（九州的）土地分割固定下来，并不是为了诸侯，这都是为了民众。……可以知道，天下是天下的天下，并非（君主）一个人的天下。

解析

　　政治的必要性在于百姓无法全然自我管理，故需要执政者。执政者的存在意义在于治理人民，改善社会，而非以土地百姓为个人的私产，故谷永反复言"天下非一人之天下"。

　　由今日而言，面对新冠肺炎疫情，被上天所覆载、生养的民众，由于其所处政治地位的差距以及拥有政治权力的悬殊，他们无法实现保护自己。上天仁爱百姓，作为承接天命的高位者，保护好

天下为公　大同世界

百姓是其应有的责任，因而需要其践行仁爱无私的特质，使得百姓最终能够成其天性。如此行事的政治行为，体现了儒家"天下为公"的政治理念。

古有行大公者，帝尧是也。贵为天子，富有天下，得舜而传之，不私于其子孙也。去天下若遗屦〔1〕，于天下犹然，况其细〔2〕于天下乎？非帝尧孰能行之？孔子曰："巍巍乎！惟天为大，惟尧则之。"〔3〕

—— 《说苑·至公》

注释

〔1〕屦(xǐ，一声)：同"屣"。遗屦：丢了鞋子。

〔2〕细：小。

〔3〕孔子曰："巍巍乎！惟天为大，惟尧则之。"语出《论语·泰伯》。巍巍：高大之貌。孔子赞美尧执政时其德行与施政极其高大。对古人而言，天是目力所及最高大的事物，而孔子以为唯独尧有能力模仿天而为政。

译文

古时候有实行大公之道的人，那便是帝尧。他尊贵地担任天子，富有天下的时候，得到了舜便把天下传给了舜，并不仅仅考虑他自己的子孙。他舍弃天下仿佛丢了鞋子。面对天下尚且如此，何况那些小于天下的事物呢？除了帝尧谁能这样做？孔子说：如此高大啊！唯有天是大的，唯有尧效法它。

解析

对于天子来说，天之子的身份意味着他面对的是整个天下，其行为关涉到整个天下政治秩序的好坏，他必须承担更多的责任和拥有更高的视野。因而在落实政治行为的时候，天子不能陷于对于其一家利害的考量，需要他展现更为公正、没有偏私的行为。对于晚年的尧来说，出于对天下秩序延续的关注，即便天子的位置可以给他带来尊贵的地位、富有的财富，但是他并没有迷失在对于一家利益的关注之中。当他发现舜拥有着治理好天下的才能时，毫不犹豫让舜继承了天子之位。此处的行大公，并不过多涉及家天下与禅让的问题。

彼人臣之公，治官事则不营私家，在公门则不言货利〔1〕，当公法则不阿亲戚，奉公举贤则不避仇雠〔2〕，忠于事君，仁于利下，推之以恕道〔3〕，行之以不党〔4〕，伊吕是也。故显名存于今，是之谓公。

——《说苑·至公》

▌注释▐

〔1〕货利：货物财利。语出《尚书·仲虺之诰》："惟王不迩声色，不殖货利。"言王者由于自己的最高政治本职，不从事于商业活动。

〔2〕仇雠：雠（chóu），仇人。

〔3〕恕道：语出《论语·里仁》：曾子曰："夫子之道，忠恕而已矣。"又见《论语·卫灵公》：子曰："其恕乎！己所不欲，勿施于人。"程朱理学对此解释说，"推己及物，恕也。""施诸己而不愿，亦勿施于人，恕也。"指将宽仁推广于他人。

〔4〕不党：语出《论语·卫灵公》：子曰："君子矜而不争，群而不党。"古人所说的"党"指由私人利害关系结成的小集团。君子既不离群孤独生活，也不拉帮结派。

▌译文▐

那些臣下的"公"，从事公家的事就不经营自己的家，在公家里就不言说货物财利，执行公法就不回护亲戚，奉行公事推举贤能就不避开仇人，以忠心侍奉君王，以仁爱惠泽百姓，以对待他人宽仁来推广"公"，以不党同伐异来实行"公"。这便是伊尹、吕尚，所以他们显赫的名声流传至今。这可被称为公。

解析

　　引文从各个方面阐述人臣之公。政治是共同体的事物，故从事者应当脱离个人的利害。比如，不能经营于自己家庭或家族，行法不应给亲戚法外开恩，举贤任能不应因个人恩怨而取舍等。同时，人臣还特别需要警惕结党营私，拉帮结派。总之，对政治人物而言，真正的公需要在各个方面克服私，而真正能做到这些的人，历史才会真正铭记他们。

夫公生明，偏生暗，端悫〔1〕生达，诈伪生塞，诚信生神〔2〕，夸诞生惑，此六者，君子之所慎也，而禹桀〔3〕之所以分也。诗云："疾威上帝，其命多僻。"〔4〕言不公也。

——《说苑·至公》

注释

〔1〕端悫：正直诚谨。

〔2〕神：指仿佛神明一般，能领会事物情状的能力。

〔3〕禹桀：上古君王。禹是贤明君主的代表，而桀是残暴无知的君主的代表。

〔4〕诗云："疾威上帝，其命多僻。"僻，指偏僻，邪僻。语出《诗经·大雅·荡》。该诗以"上帝"比喻君主，以"疾威上帝"比喻暴虐的君主。《韩诗》以为，该诗言天生人无不有善性善端，但唯有在健全的、真正公正的政治共同体中才得以发展，才得以成为君子。如果在暴虐君主的治理下，国家命令暴虐而不公正，人人命运风雨飘摇，虽然均有自然禀赋，却很少有人能得到好的结局。

译文

公正产生明察，偏僻产生晦暗，正直诚谨产生通达，欺骗伪装产生蔽塞，诚实不怀疑产生睿智，浮夸妄诞产生困惑，这六者，是君子慎重的事情，是禹和桀区分开的地方。《诗》言："那暴虐的天帝，他的命令大都偏僻。"这是在说不公。

┃解析┃

　　引文反复对比公与不公的后果。引文中，"公生明"至"所以分也"，出自《荀子·不苟》。引文意思是，人能公才会明白道理，不能公，便容易闭目塞听。桀纣就是不能公的典型，于是在他们的治理下，百姓几乎完全得不到公正的对待，命运极其悲惨。

楚共王出猎而遗其弓，左右请求之，共王曰："止，楚人遗弓，楚人得之，又何求焉?"仲尼闻之，曰："惜乎其不大〔1〕，亦曰：'人遗弓，人得之而已，何必楚也!'"仲尼所谓大公也。

——《说苑·至公》

注释

〔1〕惜乎其不大：可惜楚共王用心还不够宽广。

译文

楚共王外出打猎却遗失了自己的弓，他的近侍请求去寻找，共王说："不要去。楚国人遗失了弓，再被楚国人捡到，这又何必去寻找?"孔子听说了，说："可惜楚共王用心还不够宽广。何不说'人遗失了弓，再被人捡到'就行了，何必要加上楚国。"这就是孔子所说的大公之道。

解析

在这段文本中，孔子指出楚共王的用心之所以不够宽广，是因为他作为统治者，丧失了关注天下百姓的视野。也就是，对于向往构建天下秩序的统治者来说，其展现大公的行为意味着不能仅仅局限于对楚国利害得失的关注。孔子在这里为"大公的行为之所以可能"提供了一个坚实的基点，即统治者面对的对象是作为普遍意义上的民众。

对今天而言，民族国家的视野深刻影响着人们思考我者与他者之间的关系，人们也生活在由民族国家塑造的环境之中。一方面，

天下为公　大同世界

国家之间的竞争与合作是以民族国家的形式展现，人们有着相应的国别身份；另一方面，在作为人的意义上，不同区域的人们是可以感通的，因而统治者在处理不同区域间的关系时，并不能将民族国家作为唯一的视角。

生财有大道，生之者众，食之者寡，为之者疾，用之者舒，则财恒足矣。仁者以财发身〔1〕，不仁者以身发财。未有上好仁而下不好义者〔2〕也，未有好义其事不终者也，未有府库财非其财者也。

——《礼记·大学》

注释

〔1〕以财发身：发，朱熹解释为"起"，即提高，改善。《朱子语类》解释说："但是财散民聚，而身自尊，不在于财。不仁者只管多聚财，不管身之危亡也。"言为政不当只管积聚财富，而应当藏富于民。

〔2〕好义者：《孟子·告子下》言："羞恶之心，义也。"好义者，基本含义即羞耻于做坏事的人。

译文

产出财用有大办法，产出的人多，被供养的人少，产出的人行动抓紧，使用的人行动舒缓，那财用就会总是充足。仁者以财富提升自己（的地位），不仁者以自己的地位增加财富。没有地位高者喜好仁爱而地位低者不羞耻于做坏事的，没有羞耻于做坏事而他的事情没做出结局的，没有仓库中的财货被挥霍被滥用被贪污的。

解析

引文阐述了儒家的财富观。就整个共同体而言如何产生财富，方法在于产出财富的人多，而被供养着的人少。生产时抓紧，而消耗时则舒缓。在财富的功能上，应当将财富作为工具而非目的，应当用财富来提升自己，而非用自己去追求财富。在上者不是汲汲于聚集财富，而是散富于民，则在下者自然受感召而羞耻于做坏事。这样，诸如政策执行，或者府库的适当使用这些事情，才会得到真正的保证。

值得注意的是，《大学》的财富观里，不是追求财富越多越好，而是要使得财富"恒足"。而历史上，许多朝代常常一时财富聚敛得严重过剩，之后却发现财富使用越来越捉襟见肘。

孟献子[1]曰："畜马乘[2]不察于鸡豚，伐冰[3]之家不畜牛羊，百乘之家[4]不畜聚敛之臣[5]。与其有聚敛之臣，宁有盗臣[6]。"此谓国不以利为利，以义为利也。

——《礼记·大学》

注释

〔1〕孟献子：(？—公元前554年)，名蔑，世称仲孙蔑。春秋时期鲁国外交家、政治家，时称贤大夫。

〔2〕畜马乘：喂养马匹以备骑，郑玄注言："士初试为大夫者。"

〔3〕伐冰：凿冰，郑玄注言："卿大夫以上，丧祭用冰。"

〔4〕百乘之家：拥有一百辆兵车的家族。郑玄注言："有采地者也。"即受天子封地的诸侯。

〔5〕聚敛之臣：聚集收藏财富的官员。

〔6〕盗臣：盗窃府库财物的官员。

译文

孟献子说："乘马的大夫不详细了解养鸡养猪，祭祀需要用冰的大家族不畜养牛羊。有一百乘兵车的诸侯不任用搜刮财富的官吏。与其任用搜刮财富的官吏，宁可任用盗窃财富的官吏。"这便是所说的国家不能以利益为真正利益，而当以道义为真正利益。

解析

引文着眼于社会各阶层的差异讨论价值取向问题。较高阶层的家族，就不应当去做较低阶层的人所做的事情。比如说，乘马的大夫就不关心养鸡，祭祀能够用冰的大家族就不养牛羊。对于诸侯一级而言，因为有比较高的政治地位，就不该去做搜刮财富之类的事情。贤大夫孟献子说，对于有自己封地的诸侯而言，专门盗窃财富的官员的危害，也不如搜刮财富的官员的危害严重。对于政治人物而言，如果从事于追求财富利益，老百姓只会如同待宰的羔羊一般，危害极其严重。所以，国家不该把财富视作自己的利益，而应当把道义视作自己的利益。上两条引文在《礼记》中前后相续，共同指出，健康的国家不应当以追求无目的积蓄财富为目标，而应当秉持道义、藏富于民。

夫皇皇求财利常恐乏匮者，庶人之意也；皇皇求仁义常恐不能化民者，大夫之意也。《易》曰："负且乘，致寇至。"〔1〕乘车者君子之位也，负担者小人之事也，此言居君子之位而为庶人之行者，其患祸必至也。

——《汉书·董仲舒传》

注释

〔1〕《易》曰："负且乘，致寇至。"出自《易·解卦》（第三爻爻辞）。《系辞》言："作《易》者，其知盗乎？《易》曰：'负且乘，致寇至。'负也者，小人之事也；乘也者，君子之器也。小人而乘君子之器，盗思夺之矣；上慢下暴，盗思伐之矣。"《系辞》最后一句引申说，如果国家内部上懈怠而下暴乱，境外好似盗贼的国家就会前来讨伐。

译文

不安地追求财富利润而常常担忧财富匮乏，这是庶人的心意。不安地追求仁义常常担忧不能劝化百姓，这是大夫的心意。《易》言："背着东西又乘车，将招致盗寇的到来。""乘车"代表着君子的地位，"背着东西"属于小人才从事的事情，《易》是在说要是一个人身居君子的地位，却做庶民才做的事，那他的祸患一定会到来。

解析

在董仲舒看来，政治秩序的构建不是对于某个理想摹本的模仿，而是需要共同体成员在现实生活中的互动与努力合作来实现。

这意味着，一方面虽然人们拥有着承自于上天的仁义之德，但是在现实生活中所处的地位不同，使得他们出现了分疏，因而需要承担不同的责任；另一方面，一个好的社会最终指向的是如何构建起更好展现良善天性的社会。董仲舒强调，大夫与庶民有着不同的职分，不同的职分意味着需要展现不同的行为。对于百姓来说，如何谋生、如何延续生命是最切近的事情，这是无可指责的。但是对于大夫来说，他们占据着高位，面对的是公共事务，这一位置也意味着他们必须承担起更多的责任，因而他们不能用庶民的行为为自己只关注求利的行为作辩护，否则秩序的败坏必定会引起相应的祸患。

义与利者，人之所两有也。虽尧舜不能去民之欲利；然而能使其欲利不克其好义也。虽桀纣不能去民之好义；然而能使其好义不胜其欲利也。故义胜利者为治世，利克义者为乱世。上重义则义克[1]利，上重利则利克义。

——《荀子·大略》

│注释│

〔1〕克：本义胜过。"克"被广泛运用于儒家道德哲学中。如《论语·颜渊》：颜渊问仁。子曰："克己复礼为仁。一日克己复礼，天下归仁焉。"扬雄《法言》："胜己之私谓之克。"与战争中胜过他人不同，"克"意味着让自己身上比较优等的部分胜过比较劣等的部分。

│译文│

道义与利益，是人心上同时存有的部分。即便尧舜也不能去除民众追求利益之心，但能够使得他们追求利益不胜过喜好道义。即使桀纣也不能去除民众喜好道义之心，但能够使得他们喜好道义不胜过追求利益。所以道义战胜利益就是被治理得好的世道，利益击败道义就是混乱的世道。在上者重视道义那么社会就能以道义击败利益，在上者重视利益则社会上利益击败道义。

│解析│

引文围绕义利冲突，阐明义的可取性。荀子现实地看到，"好义"与"欲利"都根植于人性之中，并不会消失或是被消灭。但是，现实却存在着治世和乱世。治世是道义胜过了利益，乱世则是利益胜过了道义，而问题来源于执政者所重：执政者重道义，人们才可能以道义战胜利益。

上不忠乎君，下善取誉乎民〔1〕，不恤公道通义〔2〕，朋党比周〔3〕，以环主图私为务，是篡臣者也。内足使以一民，外足使以距难〔4〕，民亲之，士信之，上忠乎君，下爱百姓而不倦，是功臣者也。

—— 《荀子·臣道篇》

注释

〔1〕取誉乎民：在社会舆论上沽名钓誉。

〔2〕公道通义：即公道与通义，指公正通达的道义。

〔3〕朋党比周，环主图私：指拉帮结派形成小团体之后，用帮派把上级环绕起来，以达到自己的利益。《韩非子·五蠹》言："古者仓颉之作书也，自环者谓之私，背私谓之公。"但在《荀子》的观察里，篡臣不仅"自环"，还想办法使得上级，比如君主"自环"，由此而实现自己的利益。

〔4〕距难：距，通"拒"，指解决外在困难。

译文

对上不忠心于君主，对下擅长沽名钓誉于百姓，不体恤公共的道义，结交朋党在身边，专门把上级封闭起来，以图谋自己的利益，这就是怀篡逆之心的臣下。对内足以让百姓齐心，对外足以抵御外侮，百姓亲近他，士人信任他，对上忠心于君主，对下仁爱百姓且不懈怠，这就是有功之臣。

▌解析▌

引文分别了篡臣与功臣，展示了"公道通义"与其对立面。篡逆之臣，对上无忠诚，对下则沽名钓誉，抛弃公道，并通过在君主周围拉帮结派把君主蒙蔽起来。功臣则对君主忠诚，又爱护百姓，还能得到士人阶层的信任。功臣便能秉持公道。

夫大仁者〔1〕，爱近以及远，及其有所不谐，则亏小仁以就大仁。大仁者，恩及四海〔2〕；小仁者，止于妻子〔3〕。

—— 《说苑·贵德》

注释

〔1〕"仁"字本义为爱，在西周时期往往指对亲人的爱，如《国语》"爱亲之谓仁"，至孔子开始将"仁"扩展为"爱人"，即对人本身的爱。

〔2〕四海：古代认为中国四周环海，因而称四方为"四海"，泛指天下各处。

〔3〕妻子：妻子儿女，指代家庭。

译文

有博大的仁德的人，能够爱亲近之人并推扩向爱他人，当其中有所冲突时，会亏欠亲近之爱以成就博大之仁。有博大的仁德的人（君子），其恩德能广泽四海，仅有亲近之爱者，他的爱仅止于他的妻子儿女（家庭范围内）。

解析

如何处理有限范围的家庭亲属之爱，与面向他人的普遍道德二者的关系，是人类伦理学与道德哲学的永恒议题，儒家将二者共同收摄进"仁"的范畴内，以微妙平衡二者的关系。故"仁"之义，既包括爱亲之小仁，也包括爱人之大仁，仁的覆盖范围越广，仁德的品质越高尚。

在实践仁的原则上，儒家一方面强调"孝弟也者其为仁之本""亲亲而仁民""爱近以及远"，要求基于亲亲之爱推扩到对人本身的爱；另一方面，儒家也认识到，在二者发生冲突时，需"亏小仁以就大仁"，亏欠亲亲之爱以成就更多人的福祉，也成就更高贵的仁德。

仁的覆盖范围，大至天下所有人，小至家庭内的父母妻子，这一认识承孟子而来。孟子劝谏齐宣王存仁心以行仁政时，云"故推恩足以保四海，不推恩无以保妻子"。又，论"四端之心"一章谓"凡有四端于我者，知皆扩而充之矣，若火之始然，泉之始达。苟能充之，足以保四海；苟不充之，不足以事父母"。

在儒家的这种处理中，蕴含着一个君子、小人之分。君子本身就是具有政治地位和道德榜样的公共人格。因此这至今仍能构成对政治人物和公共人物的示范作用。

谷永曰："《易》称'得臣无家'〔1〕，言王者臣天下，无私家也〔2〕。"

——《汉书·五行志》

注释

〔1〕《易·损》上九："弗损益之，无咎，贞吉，利有攸往，得臣无家。"朱熹《周易本义》云："上九当损下益上之时，居卦之上，受益之极，而欲自损以益人也。"

〔2〕执政者得爵位而食俸禄，不应顾爱私家，是两汉的通行观念。如《汉书·董仲舒传》："皇皇求财利常恐匮乏者，庶人之意也；皇皇求仁义常恐不能化民者，大夫之意也。"《汉书·文帝纪》："王者无私。"《后汉书·卢植传》："天子之体，理无私积。"

译文

谷永谏言说："《易经》有言：'得臣无家'，意谓王者为天下之君，得天下臣民之归往，而不顾及私家。"

解析

明代儒者黄道周在《易象正》中，发挥"得臣无家"之义云："损己而临民，损君而惠臣，损家而益国，夫有耕获之心而能之乎？教思容保，则君子之志也；肥身肥家，则非君子之事也。……故得臣无家，天下之所由治也。"

政治与家庭的一个关键区别在于，政治关涉着所有人的幸福，家庭只关涉包括自己在内的有限范围的幸福。尽管每一个政治人物在担负政治身份的同时，也拥有自然的身份，但在公与私、政治与家庭、"大仁"与"小仁"发生冲突时，政治人物都需要舍私就公、大公无私。任何假公济私的行为都背离了人民的托付与政治的职责。

天地无私，故能覆载；王者无私，故能包[1]养。昔之明王，以至公宰物，故藏金于山，藏珠于渊[2]，示天下以无私，训天下以至俭。故美声盈溢，千载不衰。

——《魏书·高允传》

注释

〔1〕包：本意为包裹、包含，引申为负责、承揽之义。儒家传统向来认为，王道政治有担负起教养百姓群生的责任，这又需奉行公正无私的原则才能实现。

〔2〕金玉珠宝原本就生于名山大泽之中，是天地供万物生养所需的自然物产。"藏金于山，藏珠于渊"是王者不利用自己的权势聚敛金玉珠宝等财富，令其始终如其所是地存在着，供百姓利用。

译文

天地无偏私，所以能覆育和承载万物群生，王者（仿效天地）无偏私，所以能包揽起教养天下万民的责任。古代的圣明君主，以最公正的原则主管万事万物，所以将金玉珠宝之财藏于山川当中（不贪私攫取天地本身的财富），向天下人示范无私的品德，教天下人以最节俭的品格，因此天下的颂美之声不绝，王者之治千载不衰微。

解析

儒家传统的政治哲学始终有一个"法天"的宗旨。儒家认为，天地覆育群生，绝无私意倾注在某一品类或群体之上，因此，王者的政教也应当仿效天地生生之意，无私利私欲。在此意义上，"天下为公"是儒家政治哲学的内在要求。现代社会对公共性的要求更高也更为明确，这就要求我们继承中华优秀传统文化，进行创造性转化与创新性发展，以适应当今时代的需要。

王制〔1〕，天子不言有无，诸侯不言多少〔2〕，禄食之家不与百姓争利。

——《后汉书·朱晖传》

注释

〔1〕王制：符合王道的礼制规定。汉人常用"礼""王制"或"王者"云云发端，来陈述经典中的礼制。汉儒又曾编纂一篇《王制》，收录在《小戴礼记》中。

〔2〕依据儒家德位合一的政治原则，天子的德性品格应比诸侯高，表现在对财货的欲望上，则是天子从不关心自己有无财货，诸侯不应关心自己的财货多少。

译文

王道政治的礼制规定：天子不应言及自己有无财货，诸侯不应言及自己的财货多少，领受俸禄的卿大夫之家不应与百姓争夺货利（不得额外地谋取货利）。

解析

春秋末期乃至战国，天子、诸侯、卿大夫等各层级的君主都纷纷大肆聚敛。这一方面是满足自身的利欲，另一方面是汲取民力和兼并土地以发动战争。当时儒家有鉴于此，反复申述执政者不得与民争利的原则。因为执政者都有相应的俸禄，以满足他们的生活需要，就必然不能再动用政治的权柄来获取额外的利益。

天下为公　大同世界

民人藏于家，诸侯藏于国，天子藏于海内。[1] 故民人以垣墙为藏闭，天子以四海为匣匮。[2]

—— 《盐铁论·禁耕篇》

注释

〔1〕海内：古人认为我国疆土四面为海所环抱，因而称国境以内为海内。

〔2〕匣匮：匣子和柜子，亦泛称同类型的藏物器具。

译文

民众在家里贮藏财货，诸侯却将财用物产保藏在整个国家当中，天子更将财用物产保藏在天下四海当中。所以民众筑起垣墙来保护自家的财产，天子保藏财货的匣和柜却是天下四海本身。

解析

儒家的君子小人之分中，既允许民众关心人性中的爱利欲求，又要求君子关心更高尚的美德与政治原则。例如在这里，民众顾爱其家、贮藏财货是人性的自然，而君子如诸侯、天子则无私爱，将财货藏在所述的国家乃至整个天下，也即藏富于民，供其利用。这里做了一个巧妙的比喻。民众筑造垣墙以保护自己的私家财产，但天子无私家、无私爱，以天下为家，以百姓为心，故天子所贮藏之处是整个海内，这也就是将天地间的物产财用赋予天下人。

王者不畜聚，下藏于民〔1〕，远浮利〔2〕，务民之义。

——《盐铁论·禁耕篇》

注释

〔1〕藏富于民是儒家政治哲学的重要旨趣。

〔2〕浮利：浮末之利，这里指汉朝盐铁官营、酒榷平籴之法所获取的收益。

译文

王者不蓄积聚敛，将财用物产归藏给百姓，远离虚浮无用的货利，这些都体现着爱民养民的精神。

解析

儒家的民本思想要求政治保护百姓的生活。就最基本的经济生产而言，儒家相信自然物产是天地供群生繁孳利用，不专属于一家一姓。故执政者不得利用政治的权柄来蓄积财货，或者经营某些无助于民生、仅满足其利欲的工商业。在当今社会，尽管现代国家与公民的关系不同于古代，但保障民生、藏富于民，始终是政治的首要责任。

天下为公　大同世界

仁道难名，惟公近之，非以公便为仁。〔1〕

——《二程集》

注释

〔1〕二程开启了以"公"的观念来理解"仁"的传统，认为行公道是最接近行仁的道德实践方式。但就德性的属性来说，"公"更多是一种行为原则，而二程又认为"仁"是一种统包各种德性品质的根本德性，所以"公"又不等同于"仁"。

译文

践履仁德的方法言语是难以说清的，只有秉持一种公的精神算较为接近它，但又不能说秉持公的精神就是仁德本身。

解析

自孔子开始，儒家就将"仁"推崇为极高贵的、难以企及的德性。因为就其作为对人本身的爱而言，要做到仁覆天下且各正性命，的确是非常理想的境界。由此，如何实践仁道也就成为了后世儒家始终探索的议题。二程从"公"的角度理解行仁之法，有准确之处。因为公道首要关心的是所有人的共同利益，并且公道也要求一种适应每个人身份、德性与欲求的公平。能做到这些，也就很大程度地成就了对他人与社会的仁道。以"公"言"仁"提供的是一种践履仁道的方式。它要求人行事之时总是秉持公心、不夹杂私意，始终将他者的利益、欲求放在心上。

虽公天下事，若用私意为之，便是私。〔1〕

—— 《二程集》

注释

〔1〕宋明儒学的公私之分，包含着三个层次。第一是作为领域之广狭的公共与有限，第二是作为道德动机的天理（正当）与人欲（私欲），第三是作为道德评价的是与非。这里"公天下"的"公"是第一层次，"私意"是第二层次，"便是私"是第三层次。

译文

即使是为天下公益所做的事，一旦是出于私心的动机，这件事也是不正当的。

解析

人的道德行为与道德心理有可能分离，这样善行可能就成为一种道德表演。久之这将使善行被泛化为一种"虚名"。宋儒有鉴于此，将道德行为深化至道德心理的基础，要求它始终依循"天理"（天然的、永恒的正当原则），摒除私心利益。这样才能保持道德行为的真实与一致。

克己复礼〔1〕，不容一毫之私，岂非公乎？亲亲而仁民〔2〕，而无一物之不爱，岂非仁乎？〔3〕

——朱熹《答杨仲卿》

注释

〔1〕语出《论语·颜渊》："颜渊问仁。子曰：'克己复礼为仁。一日克己复礼，天下归仁焉。为仁由己，而由人乎哉？'"云云。宋明儒学的公私观念，包涵着是与非、天理与人欲的划分。因此，朱熹认为克己复礼之行，其中不夹杂一丝的私欲（人欲），便是践行"公"的原则。

〔2〕语出《孟子·尽心上》："亲亲而仁民，仁民而爱物。"朱熹认为，由亲亲之爱推扩之博爱民人，再推扩至所有事物，能做到这样广大无私（公）的程度，也就是仁的展现。

〔3〕朱熹这两方面的认识，继承了二程以"公"的观念来认识"仁"的思路。

译文

克制自身的私欲并复归于礼义的原则，这里面不容有一丝毫的私意在，难道不就是公的品质？从亲亲之爱推扩到对人本身的爱，乃至扩展到对万物的爱，难道不就是仁德？

解析

朱熹通过指出经典中解说"仁"的两条重要内容的联系，揭示出"仁"与"公"的关系。就行仁的方式而言，克己复礼之时必然包涵着一个公心在，而当推行公道以至于天下百姓万物无一不爱的境地时，也就是行仁的最高境界。

君子之心公而恕，小人之心私而刻。〔1〕天理人欲之间，每相反而已矣。〔2〕

—— 《陆九渊集》

▌注释▐

〔1〕这里的公与私，都指人内心的道德动机，宋明儒学将其与作为道德领域的公共与有限之分，作为道德行为的公益与私利之分，都统一了起来。

〔2〕天理与人欲，是宋明儒家的道德哲学的核心范畴。

▌译文▐

君子的用心公正并且能推己及人，小人的用心自私并且刻薄。天然正当的礼义法则与人心的私欲之间，每每是截然对立的。

▌解析▐

宋明理学善于揣摩人的道德心理。他们看到，出于公正之心就必然能做到推己及人，出于自私之心就会待人刻薄寡恩。提出这种"天理"与"私欲"的截然判分，要求人在内心上有自觉和自律。

第二篇

大同小康

在《礼记·礼运》的开篇，孔子分别勾勒了五帝时期『大道之行』的大同社会与三代以降『大道既隐』后的小康社会。孔子分别用『天下为公』与『天下为家』来概括两种秩序的根本原则，并且对照性地刻画社会秩序的各个方面，以表现儒家心中的『大道』。这不仅是一种对人性纯朴时代的追忆，也是儒家寄托政治哲学理想的一种方式。

大道〔1〕之行也，天下为公〔2〕，选贤与能，讲信修睦〔3〕。

——《礼记·礼运》

注释

〔1〕"道"在儒家思想中关系天下、国、家与个人之间的文明秩序。"大道"指最好的天下、国、家与个人之间的秩序，这里表现为大同社会。

〔2〕郑玄注："公犹共也。禅位授圣，不家之。"指在大同社会天下为天下人所共有，"天子"的爵位是圣人禅让给圣人，而不传给自己的子孙。在儒家历史观中，尧舜之际是大同社会的典范。

〔3〕从人与人之间到国与国之间，都讲求信用，睦邻修好。

译文

在最好的文明秩序中，天下是天下人所共有的，"天子"的爵位由圣人禅让给圣人，而不传袭给自己的子孙，各阶层的政治人物和官员都选举有贤德与才能的人，从人与人之间到国与国之间，都讲求信用，睦邻修好。

解析

《礼记·礼运》篇是儒家论述理想的大同世界的源头文本。该篇记载孔子在参加完冬季年末的重要典礼——蜡（zhà）祭后，与弟子言偃（字子游）的一次对话。孔子伤感自己没能赶上大道之行的大同时代和较美好的小康时代，随后分别阐述大同社会和小康社会的特征。

在对大同社会的描述中，"天下为公，选贤与能，讲信修睦"三句是总体性的概括，而"天下为公"一语又居首要。孔子相信，最好的天下、国、家与个人之间的文明秩序，需奠定在天下是天下人的天下、为天下人所共有的信念前提之上。只有这样才能使政治秩序以道德和才能为核心原则，政治领导人乃至官员不会视天下为私家所有，以权力为私人所用。进而，从人与人之间、族群与族群之间到国与国之间，都会遵守信诺，睦邻修好，没有背信弃义、诡诈牟利之举。可以说，"天下为公，选贤与能，讲信修睦"诸原则，是儒家政治哲学的核心价值，对后世中国文明的政治、社会的秩序，族群与外交的关系等方面，都产生了深远的影响。更不用说，它代表的大同理想，是中国近代以来始终追寻的理想世界。

"天下为公，选贤与能，讲信修睦"对当代中国的国家治理与社会融合具有启示价值，也对当今国际关系的调整、世界秩序的建设有指导意义。天下是天下人的天下，政治事业是为人民谋福利的公器，不能成为一人一家甚至某些利益集团谋取私利的工具。在社会层面，确立"天下为公"的价值共识，能够化解矛盾，以和为贵。在国际关系与世界格局上，我们需超越以民族国家为本位的国际关系格局，反对单边主义、冷战对抗的思维，看到全球人类命运共通，世界性事业需全球共治共享、合作共赢，"世界需要公道，不要霸道"。

子曰："巍巍〔1〕乎！舜禹〔2〕之有天下也，而不与〔3〕焉。"

——《论语·泰伯》

注释

〔1〕巍巍，高大的样子。形容舜、禹道德境界的高绝。

〔2〕舜、禹，儒家经典中的上古之帝，二人皆以禅让的方式获得天子之位。

〔3〕音 yù，指关联、参与。

译文

孔子说："崇高啊！舜禹的道德可以获得天下，而非有所欲求。"

解析

此章是孔子对舜、禹"有天下"的称赞。在本章的解释中，"与"字有两种解释：第一，三国时期的何晏说："美舜、禹，己不与求天下而得之也。"意思是说，舜和禹都是受前一代的天子禅让而有天下，二人都没有主动索求天子之位，而是因为自身道德受到了天下之人的认可。第二，南宋的朱熹说："不与，犹言不相关，言其不以位为乐也。"意思是说，舜和禹登于天子之位，富有四海，但他们不以之为乐，不将天下视为自己的私产。

两种解释分别揭示了儒家思想中的两个重点：前者强调天子之位的继承，其正当性来源，不是私人间的授受，而是源于天下之人的公意；后者强调天子不能将天下视为个人的私有物，而是与人民共享的公共资源。这两种解释并不矛盾，而是儒家"公天下"思想的不同过程。在当今世界中，各国家与地区的领袖，需要得到最广泛的人民的支持。同时，政治人物都应当做到为人民服务，不将人类视为利益集团致富的工具。只有各国人民的生活得到保障，才会是一个真正的"公天下"世界。

唐虞[1]之道，禅而不传[2]。尧舜之王，利天下而弗利也[3]。禅而不传，圣之盛也。

——《郭店楚简·唐虞之道》

注释

〔1〕唐虞，尧舜的国号。新的天子即位，需要依据自身特征选取一国名号。《白虎通·号》曰："唐，荡荡也。荡荡者，道德至大之貌也。虞者，乐也。言天下有道，人皆乐也。"尧因道德高尚，故取国号为"唐"；舜受禅后，人民悦乐，故取国号为"舜"。

〔2〕禅而不传。"禅"为禅让，是儒家经典中一种传承天子之位的方式。"传"为传子，指传给自己的儿子，是儒家思想中另一种传承天子之位的方式。或读为"专"，独占之意。

〔3〕利天下而弗利。"利天下"，指的是有利于天下。"弗利"之"利"指的是有利于自己及家族。

译文

唐、虞之时，传天子之位的方法，都是禅让于贤人而不传给自己的嫡子。所以，尧、舜成为天下之主，可以使天下人都获得好处，而不是仅仅有利于自己和他们的家族。禅让而不传子，是圣德的顶点。

解析

20世纪90年代，湖北省荆门市出土的战国竹简中，有一部分内容集中阐发了"禅让"制的优越性，整理者将这组简牍命名为《唐虞之道》。本段文字是此篇的开头，以尧舜之道为"圣之盛也"，可谓对禅让的极度推崇。因此，在以传位于子为核心的王朝政治模式确立之前，战国儒家曾经力主禅让，这既可以视为彼时儒者对于时王之政的批判，亦可看作他们对于一种理想政治的想象和期望。

禅也者，上〔1〕德授贤之谓也。上德则天下有君而世明，授贤则民兴教〔2〕而化乎道。不禅而能化民者，自生民未之有也〔3〕。

——《郭店楚简·唐虞之道》

注释

〔1〕上，同"尚"，指崇尚。

〔2〕兴教，或释为"举效"。

〔3〕生民未之有，见于《孟子·公孙丑》，是孟子转述子贡、有若描述孔子之语。这里用来形容禅让的教化效果。

译文

所谓禅让，就是崇尚有道德的人，并把君位授予贤能之人。崇尚有德之人，天下存在着圣明的君主，故世道清明。授予贤能之人以君位，民众都会服膺政教并归化于正道。不通过禅让的方式而能教化民众，这在有人类以来都从未有过。

解析

《唐虞之道》中的这段文字，将禅让的道理总结为"上德"与"授贤"。在儒家经典中，"德"与"贤"是一个君子身上的两种特质，前者侧重道德品质，后者强调具体能力。因此，在经典世界中，君子往往都是德才兼备之人，可以执政教民。禅让制是将天子——天下之大君，授予全世界德才最高之人，使得天下由圣明之君引领，民众就会归服明君的教化。

天下为公 大同世界

万章〔1〕曰："尧以天下与舜，有诸?"孟子曰："否。天子不能以天下与人。""然则舜有天下也，孰与之?"曰："天与之。""天与之者，谆谆〔2〕然命之乎?"曰："否。天不言，以行与事示之而已矣。"曰："以行与事示之者，如之何?"曰："天子能荐人于天，不能使天与之天下。诸侯能荐人于天子，不能使天子与之诸侯。大夫能荐人于诸侯，不能使诸侯与之大夫。昔者，尧荐舜于天而天受之，暴〔3〕之于民而民受之。故曰：天不言，以行与事示之而已矣。"

——《孟子·万章》

注释

〔1〕万章，战国时齐国人，孟子弟子。

〔2〕谆谆，诚恳告诫的样子。

〔3〕暴，音 pù，彰显、表露。

译文

万章问孟子："尧将天下授予舜，有这样的事吗?"孟子回答说："没有。天子不能将天下授予他人。"万章又问："那么舜登天子之位，是由谁授予他的呢?"孟子接着回答说："天授予他的。"万章接着提问说："天授予舜的方式，是诚恳地告诉他吗?"孟子说："不。天不会说话，只用行动与事件展现自己的意志。"万章疑惑道："用行动与事件展现自己的意志，这如何做到呢?"孟子解释道："天子可以向上天推荐接任的人选，不能让上天直接把天下授予此人。这种道理就如同，诸侯可以向天子举荐具有诸侯之德的人选，不能让天子直接授予他诸侯之爵；大夫可以向诸侯举荐具有大夫能力的人选，不能让诸侯直接任命他为大夫。以前，尧向上天举荐舜，天接受了他；向民众呈现他的德行、能力，民众认可了他。所以说，天不会说话，只用行动与事件展现自己的意志。"

解析

在儒家经典中，尧舜之间的禅让，只在《尚书·尧典》中有少量的记述，不同时代的学者对其进行解释，丰富了这一思想的深度与广度。孟子与万章的对话，便可视为战国儒者对于禅让义理的探讨。万章是孟子的弟子，他的疑问，集中在尧舜禅让的方式。在他看来，尧将天子之位禅让于舜，就像是把天下作为财产赠予舜。万章的提问，无论是与老师相配合的设问，还是出于对禅让的疑惑。这种以禅让为尧舜之间私相授受的理解，应当是战国时期较为流行的说法。面对这种质疑，孟子引入了一个超越性的主体——天，作为尧舜禅让的正当性来源。天下是天下人之天下，并不是天子的私有物，故如何传位并不来自天子的个人意愿，而是来自天命。

那么，天又如何引导尧进行禅让的呢？孟子说是"荐舜于天而天受之，暴之于民而民受之"。可见，天命的超越性，最终仍然通过人民的好恶体现出来，是故孟子于下文引用《尚书·泰誓》云："天视自我民视，天听自我民听。"也就是说，上天以人民为媒介进行奖惩，民所好者天与之，民所恶者天诛之。人民的意志以天命的形式降落在执政者身上。在儒家的政治传统中，天与民是一切秩序得以开展的双重正当性来源。玄远的天道通过具体的民意得以表达，民众的好恶又上升为超越性的天命。当代中国始终坚持一切以人民为中心，将人民的意志确立为价值基础。

万章问曰："人有言'至于禹而德衰，不传于贤而传于子'，有诸？"孟子曰："否，不然也。天与贤，则与贤；天与子，则与子。……舜、禹、益〔1〕相去久远，其子之贤不肖，皆天也，非人之所能为也。莫之为而为者，天也；莫之致而至者，命也。匹夫而有天下者，德必若舜禹，而又有天子荐之者。"

——《孟子·万章》

注释

〔1〕据《孟子·滕文公》，益为尧舜时火正之官，在大洪水时，利用火的力量驱逐猛兽，保护民众。其人之功堪比治水之禹，故被禹推荐于上天，本应为禹禅让后的天子。

译文

万章问："有人说，尧舜禹皆禅让传贤，到了禹的时候，道德衰落，不再传位于贤人，而是传给他的儿子。这种说法有道理吗？"孟子说："不，不是这样的。天授予贤人，就是贤人有天下；天授予其子，就是其子有天下……舜、禹、益三人相隔的年岁长短、他们儿子的品行是贤还是不肖，这都是由天意来决定的，不是人力能够左右的。没有尽力而为却又做到的事情，是天意；没有祈求而又到来的东西，是命运。一个平民而能登于天子位的话，他的道德不仅需要像舜和禹一样，而且也要有上任天子来推荐他。"

解析

在这一章中，万章认为，禹并没有禅让，而是将天子之位传给他的儿子启，这是一种较尧舜时期道德衰败的表现。在战国法家作品《韩非子·外储说》中，禹的儿子启，利用朋党攻击益，进而成为天子，破坏了禹的禅让计划。万章引用的"人有言"，或是当时流行的说法。面对这种责难，孟子再次拿出"天"来进行解释。但是，不同于上一段"天听自我民听"中的天人一贯，孟子认为，有的时候，民意也并不能代表"天"的全部内涵。在这一段中，孟子同样十分强调作为时运的"天"。其言："莫之为而为者，天也；莫之致而至者，命也。"在这里，"天"与"命"代表的是人力无法抗拒的历史机运，所谓"天与贤，则与贤；天与子，则与子"。后世儒家倾向于将禹、启父子相继的秩序称为"家天下"，这与尧舜禅让的"公天下"秩序有着极强的张力。当然，孟子采用天命之说，解释禹传位于子的正当性，他并不是在忽略二者的差异，而是通过这种解释策略，将禅让背后的公天下精神，代入家天下的秩序之中，使得"唐虞禅，夏后、殷、周继，其义一也"。

天下为公　大同世界

> 五帝[1]官天下，三王[2]家天下，家以传子，官以传贤。若四时[3]之运，功成者去，不得其人则不居其位。
>
> ——《汉书·盖宽饶传》

注释

〔1〕五帝，上古时期的五位天子，因其"德合天地"，故称为帝。在儒家思想中，五帝并不全然是历史中的实际人物，因此说法不一。一般以司马迁据《世本》《大戴礼》构拟的黄帝、颛顼、帝喾、唐尧、虞舜五人为准。

〔2〕三王，指夏、商、周三代之王，三代皆以革命的方式兴起，故"仁义合者称王"。

〔3〕四时，指四季，《礼记·孔子闲居》曰："天有四时，春秋冬夏。"

译文

五帝的时候"官天下"，三王的时候"家天下"。家天下之时，天子之位传于子嗣；官天下之时，天子之位传于贤人。（无论传子还是传贤）就像一年四季的变化，功业完成后便应退去，不与天子之德相匹配的人不应该居于天子之位。

解析

盖宽饶是汉宣帝时期的经学博士，主于易学。这段文字是盖君引用《韩氏易传》之文，《韩氏易传》是汉初经师韩婴阐释《易经》的师说。盖宽饶将五帝与三王区分为"官天下""家天下"的时代，标准即为天子之位的传承方式。这一分判形成于汉代，确立了儒家理解五帝、三王两种政治模式的基本框架。类似的说法可见于《说苑·至公》："天下官，则禅贤是也；天下家，则世继是也。故五帝以天下为官，三王以天下为家。"从盖宽饶的话来看，他并没有将"官天下"视为优于"家天下"的政治模式，二者皆如同春夏秋冬的运转，"功成者去"，延续了《孟子》所谓"唐虞禅，夏后、殷、周继，其义一也"的立场。

天下为公　大同世界

"天下为公，选贤与能"者，官天下也。夫天下国家者，为天下国家之人公共同有之器，非一人一家所得私有，当合大众公选贤能以任其职，不得世传其子孙兄弟也，此君臣之公理也。

——康有为《礼运注》

┃译文┃

"天下为公，选贤与能"的核心，就是"官天下"。天下与国家，是天下、国家中的人所共享的政治工具，不得被一个人或者一个家族占为己有，应当经过民众公选出贤能之人来担任要职，不得世代传位于君主的子孙兄弟。"天下为公，选贤与能"是君臣之间的公理。

┃解析┃

《礼运注》为近代思想家康有为所作。康有为结合汉代《春秋》公羊学中的"三世"说，将《礼运》中的"小康"与"大同"拆分为两组具有时间标尺的"世运"，他说："仁运者，大同之道。礼运者，小康之道。拨乱世以礼为治，故可以礼括之。"与传统《礼运》的解释相比，康有为做出了巨大的调整：他将本在经典世界中远古的"大同"时代，扭转为孔子对于未来美好世界的想象。如此一来，"乱世—小康—大同"就成为《礼运》中的进化公理，这条进化路线亦是康氏名作——《大同书》的先声。在《礼运注》中，康有为提出了四条公理。本段即为"君臣公理"，康有为认为，《礼运》及汉儒所谓"官天下"的精神，应当落实为"大众公选贤能"的制度模式，使国家与天下中的官员，皆是人民选举出的政治精英，而非皇帝的亲属臣僚。康有为对于《礼运》"大同"的阐发，是近代中国大同思潮的开端。

> "讲信修睦"者，国之与国际，人之与人交，皆平等自立，不相侵犯，但互立和约而信守之，于时立义，和亲康睦，只有无诈无虞，戒争戒杀而已，不必立万法矣，此朋友有信之公理也。
>
> ——康有为《礼运注》

| 译文 |

"讲信修睦"指的是，国与国之间的交际，人与人之间的交往，都要以平等自立为原则，不去互相侵犯，只是确立一些和约并去遵守，在有纠纷时遵守道义，人们和善亲爱、安康敦睦，不再有尔虞我诈的世道，人与国家都会减少争斗与杀伐，不需要制定复杂的法律，这是"朋友有信"的公理。

| 解析 |

本段是康有为在《礼运注》中提出的"朋友有信"公理。在康有为看来，儒家五德中的"信"，不仅是教导个人在与他人交往时要遵守信用，信德同样可以用在国家与国家交往的国际事务中。晚清时期，康有为目睹了清政府与西方列强在外交事务中的弱势，尤其是各种条约中的片面最惠国待遇与领事裁判权，使得清政府失去了基本主权。以康有为为代表的晚清知识分子，并不认同实在法意义上的国际法。因此，他认为，与其设立愈发繁密的法条，不如在国与国交际时，先行树立传统儒家的"信"德，教化各国遵守信用，和平相处，这样一来，便可为世界大战"弭兵"。当代中国奉行独立自主的和平外交政策，坚持走和平发展道路，推动建设新型国际关系，推动构建人类命运共同体，力争以大国、强国的身份，引领世界范围内的"讲信修睦"。

故人不独亲其亲，不独子其子，使老有所终，壮有所用，幼有所长，矜〔1〕寡孤独废疾者，皆有所养。男有分〔2〕，女有归。货恶〔3〕其弃于地也，不必藏于己；力恶其不出于身也，不必为己。是故谋闭而不兴，盗窃乱贼而不作，故外户而不闭，是谓大同〔4〕。

——《礼记·礼运》

注释

〔1〕矜（guān），同"鳏"，指男子无妻或丧妻。

〔2〕分（fèn），职务。

〔3〕恶（wù），讨厌。

〔4〕同，郑玄注："犹和也，平也。"

译文

所以人不仅仅亲爱自己的父母，不仅仅疼爱自己的子女，使年老之人都能得到善终，年轻之人都能发挥自己的功用，年少之人都能平安健康地长大，那些丧偶、孤独、残疾的人，都能得到供养。男子有适合自己的职业，女子有一个良好的归宿。人们对随意遗弃财物感到厌恶，但并不会将其私藏作为己用；对劳作不出于自己感到厌恶，但劳动并不是为了赡养自己。因此不再有图谋不轨之事，不再有盗窃作乱发生，所以门窗只是用来抵挡风寒尘土而不必紧闭，这就叫作大同。

解析

　　这段文字承接《礼运》开篇"大道之行也，天下为公，选贤与能，讲信修睦"之后，"故"字承前启后，唐代孔颖达解释说："君既无私，言信行睦，故人法之，而不独亲己亲，不独子己子。"意思是说，天子禅让，不以君位为私有，民众就会效法君上，不将对亲子的爱局限于一家之内。是故郑玄注云："孝慈之道广也。"天子不以天下为私，百姓就会将爱亲之心推扩为普遍的仁爱，孟子将其称为"推恩"："老吾老，以及人之老；幼吾幼，以及人之幼：天下可运于掌……故推恩足以保四海，不推恩无以保妻子。"（《孟子·梁惠王上》）

　　传统儒家对于大同的想象，建立在完整的家国结构之中。在一个大同世界中，老幼、男女、贤愚之人过着自足的生活。同时，在"推恩"之仁的指引下，人们不只在私家中奉献劳动、贡献力量，"矜寡孤独废疾"等苦难之人，都会得到仁人的帮助。在《礼记·王制》中，这类缺乏正常生理、伦理生活能力之人，处在"天民之穷"的困境当中。他们的困苦一旦解决，天下就可称为"大同"。因此，《礼运》描绘的大同世界，更像是一幅风俗淳厚、人民安居乐业的风景画。儒家的大同理想，从来不是某种制度体系的设计，而是对于最为本真的人类美好生活的追求。

今大道既隐，天下为家，各亲其亲，各子其子，货力为己〔1〕。大人世及以为礼，城郭沟池以为固。礼义以为纪，以正君臣，以笃父子，以睦兄弟，以和夫妇，以设制度，以立田里，以贤勇知，以功为己。故谋用是作，而兵由此起〔2〕。

——《礼记·礼运》

注释

〔1〕大同社会以公天下为基本准则，因此将天位禅让给圣人。"大道既隐"意味着大同社会的衰退，此时"天下为公"转变为"天下为家"，禅让转变为世袭，天位也由自己的子孙代代相传。这种社会秩序，被称作小康。

〔2〕这一段体现出小康相比于大同的不足之处。郑玄注："以其违大道敦朴之本也。教令之稠，其弊则然。"也就是说，以家天下为基本原则的小康社会失去了大同社会敦厚、质朴的品德，欺妄、争斗伴随着私有制的产生开始兴起。与之相应地，礼义教化成为维持秩序与人心的主要手段。

译文

如今大同社会已然衰退，天下由一家一姓所代理。人们各自亲爱自己的父母，各自亲爱自己的子女，积累私人财富，通过劳作赡养自身。在位者将子孙世袭看作常礼，建造牢固的城池来抵御侵略。以礼义为纲纪，来匡正君臣名分，使父子笃厚，兄弟融洽，夫妇和睦。又通过礼义来设立制度，规范田里，崇重勇士，所做的一切事功，都是为了自己。于是谋诈之事兴起，征伐也由此产生。

解析

在孔子描述完"大道之行"的大同世界后，随之开始慨叹世道的衰落，并以小康衬托出大同的极致美好。在孔子看来，天下为天下人所共有，不可归于一家一姓之私，因此对于家天下的评价要低于公天下。从政治上讲，领导者之位若是任人唯亲，则会堵塞进贤之路，不利于国家治理、人心凝聚；从社会上讲，私欲的膨胀不仅会导致风气习俗的败坏，还会催生出严格的管理制度，因此小康不如大同自然纯善，尚有一定缺憾之处。不过，小康虽然稍次于大同，但在这一社会中，纲纪严正，赏罚分明，人伦敦厚，总体上也不失为一种良好的秩序，可称得上是"安康之世"。相比于更具理想性质的大同而言，小康社会不仅更接近于现实中可达到的目标，也更易转化为推动社会发展的精神力量。邓小平于改革开放初期规划中国经济社会发展蓝图时，便用"小康社会"为其命名。

天下为公 大同世界

老吾老，以及人之老；幼吾幼，以及人之幼〔1〕，天下可运于掌。《诗》云："刑于寡妻，至于兄弟，以御于家邦。"〔2〕言举斯心加诸彼而已。故推恩足以保四海，不推恩无以保妻子〔3〕。古之人所以大过人者，无他焉，善推其所为而已矣。

—— 《孟子·梁惠王》

注释

〔1〕"老吾老"中第一个"老"为动词，指尊敬，"幼吾幼"中第一个"幼"为动词，指爱护。

〔2〕此句出自《诗·大雅·思齐》一篇。毛《传》云："刑，法也。"此句意思是说能以礼法对待自己的妻子，然后推远至亲族兄弟，最终便能治理天下国家。整个过程由近及远，由亲到疏，从己身到妻子、兄弟，再到天下人。孟子引此《诗》，是为了举例说明推己及人的道理。

〔3〕"推恩"是孟子仁政理论的关键所在，而其生发结构即是从"孝亲"中推出"仁爱"。至亲至近的"妻子"与最广大的"四海之民"连接着仁爱的两端，它要求我们在爱护亲人的自然感情基础上，将这种情感推广出去，将心比心，扩充人的善性。

译文

尊敬自己的父母长辈，并将这种敬意推扩到他人的父母长辈身上；爱护自己的子女，并将这种爱护推扩到他人的子女身上，这样治理天下，便像运转于掌中一样容易。《诗经》说："以礼法来对待自己的妻子，然后推至兄弟，最后便能统御家国。"这是说将仁爱之心加诸他人身上罢了。所以能够推扩仁爱之心，便可以使四海安定；不能推扩仁爱之心，则无法保全妻儿。古代圣王之所以能够超越一般人，并没有别的，正是因其能推扩恩惠，施及他人。

┃解析┃

一直以来，具有普遍面向的仁爱究竟如何可能，是儒家不断讨论阐发的话题。孟子认为可以从孝亲中推出仁爱。《孝经》中有一句可与此相互印证："爱亲者，不敢恶于人；敬亲者，不敢慢于人。"这句话精妙地勾勒出爱敬他人背后的逻辑。人因有己亲而能习得爱敬之道，在待人接物时，若能时时念及"他人亦有亲"这一点，便自然不忍轻慢于人。所以，虽然陌生人并不像亲人一样有直接的恩义可言，但仁者仍然能够推此及彼，将对待己亲之心加于陌生人之身，最终达到一种最普遍而广大的仁爱。孟子认为，在真正好的社会之中，人们不会局限于一己之私，而会将仁爱之心扩充至每个人的身上。

父母固人所至亲，子者固人所至爱，然但自亲其亲，自爱其子，而不爱人之亲，不爱人之子，则天下人之贫贱愚不肖者，老幼矜寡孤独废疾者，皆困苦颠连，失所教养矣。……故公世，人人分其仰事俛[1]畜之物产财力，以为公产，以养老慈幼邮[2]贫医疾，惟用壮者，则人人无复有老病孤贫之忧。

——康有为《礼运注》

▍注释▍

〔1〕俛（fǔ）：同"俯"，俯的异体字。

〔2〕邮（xù）：同"恤"，恤的异体字。

▍译文▍

　　父母与子女固然是人的至亲与至爱，但如果只亲近与爱护自己的亲人子女，而不亲近与爱护他人的亲人子女，那么天下间贫贱愚昧之人，老幼病残孤独之人，都会陷入困苦流离的生活中，失去了被正常教育与抚养的机会。……所以在大公之世，人人都将劳动储存的物产财富充为公有，来进行养老、抚幼、恤贫、医疗等事业，并且只用年轻力壮者进行劳动，那么人人都不再有年老病痛、孤独贫困等忧虑了。

▍解析▍

　　康有为对天下间"贫贱愚不肖者""老幼矜寡孤独废疾者"的特殊照顾，正是继承《礼运》"大同"章中"老有所终，壮有所用，幼有所长，矜寡孤独废疾者，皆有所养"的描述而来。有所不同的是，康有为并不单纯表达一种美好的愿望，而是具体设计了多种措施与手段，对公产、公用、公享的社会生活做出了制度上的保障。因此，在康有为《大同书》的设计中，大同世从幼儿时便设立育婴院，直到长大后的小学、中学、大学，均是政府公立学校。医院、扶贫所、养老院等诸多设施，也是政府捐助，公共分担。在康有为看来，这种"天下为公"的体制，避免了因生养之私恩而带来的自私自爱，而直接面向最广大的人群。在此基础上，便可以构建人人平等、共同博爱的大同世界。康有为对政府在公共生活保障中的责任要求，对近代中国的转型历程有深刻影响。当前中国正推动政府公共服务的改革，向服务型政府转变。在改革过程中，要注重公共设施、文教卫生、养老扶幼等服务水平的提高，为人民生活提供更加全面、更高水准的保障。

天下为公　大同世界

惟天为生人之本，人人皆天所生而直隶〔1〕焉，凡隶天之下者皆公之，故不独不得立国界，以至强弱相争，并不得有家界，以至亲爱不广，且不得有身界，以至货力自为。故祇有天下为公，一切皆本公理而已。

——康有为《礼运注》

│注释│

〔1〕隶：属。

│译文│

只有天才是生人的根本，人人都由天所生并直接隶属于天。凡是天下所覆盖的一切都是公共的，因此不仅不能设立国界导致强弱相争，也不能设立家界导致亲爱之情不推广，更不能局限于人身之间的界限，以至于积累私蓄、劳作只供养自己。只有天下为公，一切都本于公理罢了。

│解析│

儒学传统中，"天"是公平、正义与无私的象征。在天地面前每个人都作为平等的"人"本身存在，是儒家政治哲学的人性前提。及至近代，康有为重新激活了这种平等与至公无私的思想，来构造他的大同理想。他认为，就人都是天地间的平等存在而言，人类社会的秩序最终应消除差异、弭平区隔——从国与国之间的，到家与家之间的，再到个体与个体之间的。康有为从传统资源出发创构出的这一世界性的人类理想，对中国近代史的独特道路影响深远。

公者，人人如一之谓，无贵贱之分，无贫富之等，无人种之殊，无男女之异。分等殊异，此狭隘之小道也；平等公同，此广大之道也。

——康有为《礼运注》

译文

所谓"公"，就是指人人如一，没有贵贱之分，贫富之差，人种之别，男女之异。差别与殊等，这是狭隘的小道；平等与共同，这是广博的大道。

解析

何谓真正的"天下为公"？在中国历史上，它曾经代指天子的禅让，代指以天下生民为重，甚至代指对君主之位的废除，但这些在康有为看来，都不算真正的"公"。他认为，真正的"公"是对一切差异性的抹平，也就是"人人如一"的境界。具体而言，不仅人内在的精神品质可以通过文明进化达到"人人都是士君子"的目的，外在性的贵贱、贫富、人种、性别、外貌等都可以通过人为手段使其"均齐"。他甚至在《大同书》中畅想道："故经大同后，行化千年，全地人种，颜色同一，状貌同一，长短同一，灵明同一。"康有为对"人人如一"的期待，体现出一名思想家的魄力，以及对消除人间疾苦、创造美好共同生活的幻想。

少而无父者谓之孤，老而无子者谓之独，老而无妻者谓之矜，老而无夫者谓之寡。此四者，天民之穷而无告者也，皆有常饩〔1〕。瘖〔2〕、聋、跛躄〔3〕、断者、侏儒，百工〔4〕各以其器食之。

—— 《礼记·王制》

注释

〔1〕饩（xì）：赠送的生活给养。

〔2〕瘖（yīn）：指口不能言的哑者。

〔3〕跛躄（bǒ bì）：指足不能行的瘸者。

〔4〕百工：指各种各样的技艺。

译文

年少时没有父亲就叫作孤，年老时没有子女就叫作独，年老时没有妻子就叫作矜，年老时没有丈夫就叫作寡。这四种人，都是天下无所依靠、走投无路的老百姓，应当给予他们固定的口粮。聋哑、跛足、肢残、侏儒等残疾人士，应当使他们依靠自己的特殊技艺获得职务，以养活自身。

解析

弱势群体是否能得到真正的关爱，是衡量社会文明程度的标志之一。在《礼记·王制》中，儒家为我们提供了看待社会弱势群体的一个角度。它区分出了"矜寡孤独"与"废疾"两种人群，前者"皆有常饩"，即可倚仗公家给养生活；而后者虽身有残疾，却不能得到无偿的恤养，仍然需要依靠自己的劳动。这种区分值得我们深思。有学者认为，不直接为残疾人提供经常性的生活补贴，是希望他们仍然有尊严地依靠自己的工作谋生。因此，中国古代常以盲人作为乐师，以聋瞽之人作为火师等，实际是在体恤怜悯的基础上，更为公正平等地对待他们。相比之下，以"矜寡孤独"所代表的人群，则需要一种更为仁慈的方式。这是由于，家是人生于世最初也最基本的伦理场域，而这类人群的共同点，就在于他们的家庭都是残缺的，因此处在伦理生活的边缘。之所以施行仁政，就是要尽量弥补这份残缺，这也是孟子所言"文王发政施仁，必先斯四者"的原因。从《王制》这段话中，我们能够更加清晰地了解到，对弱势群体的关爱离不开政府与社会的援助，这不仅仅体现在物质力量的帮扶上，还要更加注重长期性的、可持续的精神关怀，使其在获得基本尊严的同时，拥有创造更好生活的可能。

天屑〔1〕临文王〔2〕慈，是以老而无子者，有所得终其寿。连独无兄弟者，有所杂于生人之间。少失其父母者，有所放依而长。此文王之事，则吾今行兼〔3〕矣。

——《墨子·兼爱》

注释

〔1〕屑：孙诒让《墨子间诂》引《后汉书·马廖传》李贤注云："屑，顾也。"即顾视之意。

〔2〕文王：指周文王姬昌，中国古代一位贤明的圣君。文王一生重用贤才，广施仁政，得到了天下人的拥戴。《诗经》《尚书》《论语》等经典中都广泛记载了文王的事迹。

〔3〕兼：指墨子崇尚的兼爱之道。现留存于《墨子·兼爱》三篇文献中，也是先秦时期诸子百家中的重要理论之一。其核心观点在于反对儒家的差等之爱，主张不分差别地泛爱一切人。

译文

上天眷顾文王的恩慈，因此年长而无子女的人，都能寿终正寝。孤独而无兄弟的人，都能安然生活于世人之间。年少时就失去父母的人，能够有所依靠着长大。这些都是文王的事迹，我们现在应当像这样施行兼爱。

解析

墨子是春秋战国时期伟大的思想家，也是墨家学派的创始人。他所提出的"兼爱"学说，在中国思想史上占有重要地位。所谓兼爱，就是不分彼我、亲疏、贫富、贵贱之差等，突破一切限制，达到最为广大的博爱。他曾说："视人之国，若视其国；视人之家，若视其家；视人之身，若视其身。"也就是说，要像爱自己国与家一样爱别的国与家，对待他人就像对待自己一样没有区别。他认为，只有这样才能真正实现和谐与富足，不再有任何争夺与伤害。而周文王的治理之道正是依循于此，因此老、弱、病、残、幼者才得以平安地生活。墨子对社会弱势群体的关怀与儒家如出一辙，但其思想脉络却并不相同。其最大的区别就在于，儒家虽然也讲求仁爱，但仁爱的产生机制仍然存在差等与分别，对父母、亲人与对陌生人的爱不可混而为一。但墨子却认为，这样的仁爱仍然存在自私自利之心，不能达到最广博包容的境界。人与人之间、国与国之间，应当抛弃不必要的争斗与私心，以宽容、平等的姿态沟通对话，爱自己、爱他人、爱万物，才能为创造和谐安定的社会带来最大可能。

夫世禄〔1〕，滕〔2〕固行之矣。《诗》云："雨我公田，遂及我私。"惟助〔3〕为有公田。由此观之，虽周亦助也。

——《孟子·滕文公》

注释

〔1〕世禄：指诸侯、卿大夫若有功德，则其子孙即使不为官，也世世代代享受其俸禄待遇。这是分封制下为了褒奖贤能之士、突出其政治典范地位的体现。

〔2〕滕：指滕国，周朝分封的一个诸侯小国。战国时期滕文公曾拜会孟子，求问治国之道。

〔3〕助：这里指助法，即一种借助百姓的力量耕种公田的赋税制度。《孟子》云："夏后氏五十而贡，殷人七十而助。"《诗·小雅·甫田》云："倬彼甫田，岁取十千。"唐代孔颖达疏云："周制，畿内用夏之贡法，税夫无公田；邦国用殷之助法，制公田不税夫。"

译文

世禄之法，滕国已经实行了。《诗》中说："上天先降雨到公田，然后才到各自的私田。"只有施行助法的制度，才会有公田的说法。从这里来看，即使周代也是施行助法的。

解析

本句出自《孟子·滕文公上》。当时滕文公为世子之时，要到楚国去，经过宋国，便会见了孟子。滕文公乐善好学，亦向往仁政，故而请教孟子关于如何治国的道理。孟子的回答是"民事不可缓也"，表现出对民生问题的充分关注与重视。他以古代的赋税制度为例，认为夏朝每家五十亩地而行贡法，商朝每家七十亩地而行助法。相比之下，贡法是综合数年得出的一个平均数，不具有灵活可变性。在灾年时百姓尚且无法解决温饱却还要上交定额赋税，是最不好的制度。而助法是在保证百姓有自己的私田的情况下，租借其劳动力来耕种公田，以抵田税，所谓"公事毕，然后敢治私事"，这样的方法才是"为民父母"的做法。现在看来，孟子所提出的助法虽然未必尽善尽美，但其中展现出的对民情、民生的体恤，对公私关系的思考，都值得我们借鉴。一方面，我们并不应该否认个人私产的合理性，但也同时需要处理好公私之间的关系。只有正确处理好这一问题，才能在保证国家收入的同时使百姓生活富足。

丘也闻有国有家者〔1〕，不患〔2〕寡而患不均，不患贫而患不安。盖均无贫，和无寡，安无倾。

——《论语·季氏》

┃注释┃

〔1〕这里的"有国有家者"代指诸侯与卿大夫。孔安国注云："国，诸侯。家，卿大夫。"

〔2〕患：忧虑。

┃译文┃

孔丘我曾听闻，那些有国的诸侯与有家的卿大夫，不担心土地与人民的寡少，而担心不能使之各得均平；不担心国家财富的贫乏，而担心人民不能安居乐业。这是由于政令均平则没有贫困，百姓和乐则不担心寡少，社会安稳则不会倾覆。

┃解析┃

在儒家经济理念中，一方面承认贫富之间确实有所差别，另一方面也尽力抑制二者之间的过大差距。在《季氏》这段话中，孔子便同时体现出这两种倾向。他所提到的"有国有家者"，并不是泛泛而谈，而是代指诸侯与卿大夫。他们管辖着封地内的土地、财富与民众，因此他们的家产并不仅仅只用于私家之内，而要兼顾社稷与百姓。有国有家之人虽然拥有极高的地位与财富，但同样也有着更高的德行与义务要求。不过，孔子虽然强调"均"的重要性，但这里的"均"并不是指财富上的彻底平均，而是指政教意义上的公正不偏私。对他们而言，如何公正处理贫富之间的不平衡问题，使所有百姓能够安定地生活，正是在位者必须思虑的重要问题。

子曰：小人贫斯约〔1〕，富斯骄。约斯盗，骄斯乱。……故圣人之制富贵也，使民富不足以骄，贫不至于约，贵不慊〔2〕于上，故乱益亡。

——《礼记·坊记》

注释

〔1〕约：贫穷、困苦之意。

〔2〕慊（qiàn）：不满、怨恨。郑玄注"贵不慊于上"云："慊，恨不满之貌也。"

译文

孔子说：小人生活清贫就会导致困苦，富有就会导致骄纵。困苦就会行偷盗之事，骄纵就会行作乱之事。……因此圣人制定富贵贫贱之法时，使民众生活富足的不至于骄纵，生活清贫的不至于困苦，有社会地位的人不会对君主抱有怨恨，于是作乱之事就会渐渐消失。

解析

《坊记》集中记载了孔子讲述如何"防人之失"的言论。这里的"坊"与"防"同音，是指防范、戒备之意，也就是避免人们误入歧途而偏离正道。在儒家看来，人的德性有君子小人之分：君子拥有极高的道德自觉，无论身处何时何地，都能保持正直不堕，所谓"富贵不淫，贫贱不移，威武不屈"；但德行高尚的君子终归是少数，大多数人总是容易受到身边环境与条件的影响，而丧失本心。"贫斯约，富斯骄，约斯盗，骄斯乱"可以说是古往今来永远正在上演的一幕，也正是人性的弱点所在。

因此，"防人之失"不能仅靠个人的道德修养，更需要合适的社会制度。从《坊记》中这句孔子之言来看，在制订规则时，财富多寡并不是最重要的，重要的是它应当如何塑造民众的品性。过贫则导致偷盗之事，过富则易犯上作乱，故民众的财产必须折中为之。可以说，这一分配原则中对公正与均平的强调，是中国社会始终关注于缩小贫富差距、尽力保证社会公平的精神源头。

天下为公　大同世界

> 子贡曰:"如有博施于民而能济众〔1〕,何如? 可谓仁乎?"
>
> 子曰:"何事于仁,必也圣乎! 尧舜其犹病诸! 夫仁者,己欲立而立人,己欲达而达人。能近取譬〔2〕,可谓仁之方也已。"
>
> ——《论语·雍也》

注释

〔1〕博施济众:广泛地施舍。博,广泛,普遍。济众:救济大众。

〔2〕能近取譬:选取自己身边的事推己及人。取,选取。譬,比喻,比方。

译文

子贡说:"如果有人广泛地给予百姓好处,救济大众,怎么样? 可以算是有仁德吗?"孔子说:"这何止是仁德,必定是圣德了! 就连尧舜恐怕还难以做到呢! 所谓仁,不仅自己要立得住,而且要让别人也立得住;自己要事事通达,也要让别人事事通达。能够从自身出发推己及人,可以说是践行仁德的方法了。"

解析

孔子讲行仁的方法就是"己欲立而立人,己欲达而达人"。立人达人的根据在于自己。"能近取譬""推己及人",就是从对自己的各种需求中去体会他人的需求。譬如我想温饱,他人必定也想温饱;我想富裕,他人必定也渴望富裕。相反地,我不想贫穷,他人必定也不想贫穷。因此孔子又说"己所不欲,勿施于人"。这两者归结起来,就是"忠恕"。忠,就是要立人达人;恕,就是要"勿施于人"。

　　一个仁人，如果自己实现了温饱、实现了富裕，他见到周围还在遭受贫穷苦难的人们，必定会帮助他们，使他们也能温饱，也能富裕。将这种仁爱扩大到每一个人身上，就是让所有人都能富裕。追求共同富裕，而不是少数人的富裕；追求共同的幸福，而不是个别人的幸福，这是当代中国所坚持的道路，也是传统儒家汲汲追求的理想。

天下为公　大同世界

子路〔1〕曰:"愿闻子之志。"子曰:"老者安之,朋友信之,少者怀之。"

——《论语·公冶长》

【注释】

〔1〕子路:名仲由,字子路,又字季路,鲁国卞人,是"孔门十哲"之一。子路性情刚直,好勇尚武,以政事见称。

【译文】

子路说:"想听听夫子的志向。"孔子说:"使老年人安适,使朋友信任我,使年轻人怀念我。"

【解析】

这一段的背景是孔子与弟子颜渊、子路谈论个人的志向。子路的志向是愿与朋友共享自己的车马衣裘(愿车马衣轻裘与朋友共,蔽之而无憾),颜渊的志向是做到对自己的优点和功劳不夸耀、不张扬(愿无伐善,无施劳)。这两者的志向偏向于个人的道德修养。而孔子的志向则有所不同。孔子讲到了要安养老人、信任朋友、关怀少儿,这就不仅仅需要个人内在的道德修养,而更需要对外在对象的实际关爱。

"老者安之""少者怀之",就是尊老爱幼,这是中华优秀传统美德,值得我们在新时代的精神文明建设中不断继承发扬。"朋友信之",就是诚信、友善,它不仅是中华优秀传统美德,而且是中国特色社会主义的核心价值观。

不违农时，谷不可胜食也；数罟〔1〕不入污池，鱼鳖不可胜食也；斧斤以时入山林，材木不可胜用也。谷与鱼鳖不可胜食，材木不可胜用，是使民养生丧死无憾也。养生丧死无憾，王道〔2〕之始也。

——《孟子·梁惠王上》

│注释│

〔1〕罟：渔网。《说文》：罟，网也。

〔2〕王道：孟子主张的理想政治模式，主要内容是行仁政，与之相对的是以五霸为代表的霸道。孟子尊王抑霸，认为王道尚德，霸道恃力。

│译文│

不违背农业劳作的规律和时间，谷物就会吃不完；不频繁地用渔网在池塘里捕鱼，鱼鳖水产就会吃不完；砍伐树木有一定的时间，材木就会用不完。粮食、水产吃不完，木料用不完，百姓从出生到死去就不会有什么遗憾了。百姓的一生事事得到满足没有遗憾，就是王道的开始。

│解析│

孟子的仁政理想就是让天下百姓都能安居乐业，幸福生活。因此孟子首先从饮食说起，阐述了保障百姓长期饮食无忧的措施。有了这些措施，百姓就能有保障地度过一生，也就是"养生丧死无憾"。这是王道的开始。

天下为公　大同世界

　　这里，孟子一方面是对最基本的民生问题的关注，另一方面是对于"时"的强调。不违农时，渔猎砍伐有时，都是对自然规律的尊重，体现出朴素的可持续发展理念。取用有时，休养有时，生产活动要顺应自然规律，利用自然规律，儒家早在两千年前就已认识到了，对于当代社会更有启示意义。

五亩之宅，树之以桑，五十者可以衣帛矣；鸡豚狗彘〔1〕之畜，无失其时，七十者可以食肉矣；百亩之田，勿夺其时，数口之家可以无饥矣；谨庠序之教，申之以孝悌之养，颁白〔2〕者不负戴于道路矣。七十者衣帛食肉，黎民不饥不寒，然而不王者，未之有也。

—— 《孟子·梁惠王上》

注释

〔1〕豚、彘：都指猪。《说文》："豚，小豕也。""豕，彘也。"

〔2〕颁白：即斑白，头发花白。颁，通"斑"。

译文

在五亩大的宅园中种桑养蚕，五十岁的人就可以穿上丝绵袄了。鸡、狗与猪这些家畜，不要错过繁殖的季节，七十岁的人就可以有肉吃了。一家人百亩的田地，不要占夺他们耕作的时机，几口人的家庭就可以不挨饿了。认真办理学校教育，反复讲述孝亲敬长的道理，那么头发花白的人就不会背着及顶着重物在路上行走了。如果七十岁的人，有丝绵袄穿也有肉吃，一般百姓不挨饿也不受冻，这样还不能称王天下，那是从来不曾有过的。

解析

此段是上一段的后文，都是孟子仁政的核心举措。孟子提出了如何解决百姓衣穿、养老和养家问题的方法。更进一步，他提出了教育举措，以便让整个社会形成尊老爱幼的良好风俗。这些举措是有次序，有阶段的。其中涉及经济、民生、教育等多个方面，它们依据的是百姓最根本的需求。

这说明，一个理想的社会并不仅仅是物质生产的发达，而且还要有与之相匹配的精神文明，还需要文化的兴盛，人际的和谐，心情的愉悦。实现民族复兴，必然要复兴中华文化；建设世界性强国，必然要建设文化强国，这和孟子谨教化、申孝悌的思想是一致的。

故圣人耐以天下为一家，以中国为一人者，非意之也，必知其情〔1〕，辟〔2〕于其义〔3〕，明于其利〔4〕，达于其患，然后能为之。

——《礼记·礼运》

注释

〔1〕情：指人情，即喜、怒、哀、惧、爱、恶、欲。

〔2〕辟：透彻、精晓之意。

〔3〕义：指人义，即"父慈、子孝、兄良、弟悌、夫义、妇听、长惠、幼顺、君仁、臣忠"的伦理道德。

〔4〕利：文中指人利，也就是"讲信修睦"；患：文中指人患，也就是"争夺相杀"。

译文

在圣人能够把天下当作一个家庭，把整个中国团结成一个人一样，这并不是圣人的主观臆想，而是由于圣人通达人情，通晓人义，明白人利，懂得人患，然后才能做到的。

解析

天下一家，中国一人，其实是对大同理想的阐释。其中包含着统一、融合、平等、和谐等丰富的内容。这样的理想如何能够实现呢？从上文中可以看出，关键在于顺遂人情、人义，做到人利，摒除人患。人情、人义、人利、人患，归结起来都是对"人"的关注，对人最平常、最基本的生活欲求、情感、社会关系等的关注。只有安放好，解决好了人的这些最基本的问题，理想的社会才能实现；而一旦这些问题都能得到解决，理想的社会也就实现了。

人情、人义、人利、人患，其实也就是百姓、人民的情义利患。想人民之所想，急人民之所急，就是顺应人心，通达民情。只有这样，顺应人民的情，才能得到人民的心，才能团结人民，亲如一家，志如一人，构建起一个和谐社会。

冢宰〔1〕制国用，必于岁之杪〔2〕，五谷皆入，然后制国用。用地小大，视年之丰耗。以三十年之通制国用，量入以为出。

——《礼记·王制》

注释

〔1〕冢宰：职官名。亦称太宰。

〔2〕杪：音"秒"，末尾。岁之杪，即岁末。

译文

总理国政的宰臣一定要在年终来制定国家的开支。因为只有农作物都已收入国库，才能制定下一年度的国家用度。制定国用要看国家的大小，年成的丰歉，要根据三十年的平均收入来制定国用，要酌量今年的收入来安排明年的支出。

解析

这一句讲的是太宰制定国家开支的标准、方法和依据。其中的核心就是"量入以为出"。量入为出，就是讲国家下一年的财政开支要以当年的财政收入为依据，根据收入而制定开支。一个国家应当有积蓄，积累财政收益，增长国力。如果一个国家连三年的积蓄都没有，那么它就随时有灭亡的危险，所谓"国非其国也"。有积蓄，才能在出现自然灾害等特殊情况下保持国家正常运转，维持人民的正常生活。

夫仁政必自经界〔1〕始。经界不正，井地不钧，谷禄不平。是故暴君污吏必慢其经界。经界既正，分田制禄可坐而定〔2〕也。

——《孟子·滕文公上》

注释

〔1〕经界：划定土地的边界。朱子《四书集注》："谓治地分田。"

〔2〕坐而定：形容定之极易。

译文

实行仁政必定先从划定土地边界开始。土地的边界不能确定，老百姓所得的土地面积、肥瘦不均，所得土地的谷物产量也就不一样。因此但凡是暴君酷吏们必定轻视划定土地的边界。只要土地边界划分得当，国家的税收、公职人员的俸禄也就都有了。

解析

这一段凸显出儒家对民生的重视。在农民占绝大多数人口的农业社会中，解决农民的生产生活问题是国家治理中的关键，而土地问题正是关键中的关键。孟子认为"无恒产者无恒心"，划定土地边界，平均地分给农民，使农民拥有自己的土地，从而安居乐业，是社会稳定、国家富强的前提，也是行王道、施仁政的基础。

庐舍在内，贵人也。公田次之，重公也。私田在外，贱私也。井田[1]之义：一曰无泄地气，二曰无费一家，三曰同风俗，四曰合巧拙，五曰通财货。

—— 《春秋公羊传解诂·宣公十五年》

注释

〔1〕井田：我国奴隶社会时期的一种土地制度。将一块方田分成九块，形似"井"字，故称井田。九块田分给八户人家，其中央一块是公田，由大家共同耕种，收成归国家（或统治者），其余私田每户人家一块，收成归自己。

译文

人居住的庐舍在最里面，是出于对人的重视。公田在稍外一点，次于庐舍，是对"公"的重视，私田在最外面，正是对于"私"的轻视。井田制的用意：一是为了不浪费土地资源；二是为了不过度耗费一户百姓的劳力，而使各家互助；三是为了统一不同的风俗；四是为了在耕织时不同能力的人能相互扶持；五是可以通商贸易。

解析

公私之辨是传统儒家文化的重要内容。儒家文化是尚公的，重公而抑私，其最高的理想就是"天下为公"。从井田制的设计中可以看出，在个人利益与国家、社会利益的选择中，要将国家与社会利益放在第一位。这就是"重公"的体现。

天下为公 大同世界

133

　　如何协调公私之间的矛盾，兼顾、平衡个人与社会、人民与国家之间的利益，也是当代社会所面临的重要问题。在实现民族复兴的过程中，必然需要更多的人舍己奉公，将个人的理想与利益融入整个国家、民族的理想与利益当中，实现两者的和谐统一。在为国家和社会的工作中实现个人价值，获得幸福生活。这正是传统尚公、为公精神在当代中国的传承和实践。

明〔1〕名山大泽不以封诸侯，以为天地自然之利，非人力所能加，故当与百姓共之。

——《春秋公羊传解诂·桓公十六年》

注释

〔1〕明：阐明、表明之意。此句为何休对"越在岱阴齐"的解诂。

译文

这是表明：不以名山大川分封诸侯，是因为它们是天地自然所赐予的财富，并非人力所能增益和改变，因此应当与百姓共享。

解析

此句出自《春秋公羊传解诂·桓公十六年》"卫侯朔出奔齐"一事。卫侯因得罪周天子，出奔齐国。原文讲"越在岱阴齐"，即"逃走到了泰山北面的齐国"之意。先讲岱阴（泰山），后讲齐国，而不是讲齐之岱阴，正说明岱阴不是齐国一国的封地，何休因而有这段解释。

名山大川是天地供万民万物生生之所用，并不是诸侯的封地，贵族的苑囿。这其中反映出，自然物产与民共享的思想，而且一定程度地落实在了社会制度之中。这一思想在当代中国也同样被继承与发扬。现今，不论是名山大川、农林渔牧，还是金银铜矿、石油煤炭，只要是自然所赐予的财富，都是中华民族及其子孙后代所共有的宝藏。一切为了人民，一切属于人民，民有而民享，这正是当代中国所坚持的道路。

天下为公　大同世界

名山大泽不以封者，与百姓共之，不使一国独专也。山木之饶，水泉之利，千里相通，所以均有无，赡〔1〕其不足。

——《白虎通·封公侯》

注释

〔1〕赡：补给。《说文》："赡，给也。"

译文

名山大川不作为诸侯的私人封地，而与天下百姓共同分享，为的是不使一国单独专享。山林草木的丰饶，江河水流的便利，绵亘千里不绝，就是为了平均各国土地资源的多寡，补充小国资源的不足。

解析

一种理想的政治模式，必然首先要维护、确保人民的利益。这在古代不只是一种舆论上的提倡，而是将其体现在具体的社会制度中。山川大泽，不使任一诸侯独享，而与天下百姓共享，正是这一思想的体现。与民同乐，首先要与民同享，"共享"是理想社会的应有之义。社会上的资源应当为每个人所享有，而不是为少数人所独占。被私有、被独占的资源必然无法实现共享。追求公有和共享始终是人类社会前进的方向，是当代中国所认同的价值与理念。

古之为市也，以其所有易其所无者，有司者治之耳。有贱丈夫〔1〕焉，必求龙断〔2〕而登之，以左右望而罔市利。人皆以为贱，故从而征〔3〕之。征商，自此贱丈夫始矣。

—— 《孟子·公孙丑下》

注释

〔1〕"丈夫"原指身高一丈的男子，后为成年男子通称。这里的"贱丈夫"指贪得无厌的可贱之人，与此相对，《孟子》中有"大丈夫"一词，用以指代有志气和节操的男子。

〔2〕"龙断"本义为地势较高的一块地方，后引申为独占其利。

〔3〕这里的"征"为征收之义。在孟子看来，正是由于存在"贱丈夫"的唯利是图，后世才开始对商人征税。

译文

古代的市集交易，主要是为了互通有无，官员则负责治理（可能出现的争执）。然而，有这么一个可贱的人，每次都要登上一块高地，左右观望，企图网罗市集之利。人人都鄙视这种行为，因此（主张）征收他的税。向商人征税，就是从这个可贱的男子开始的。

解析

这段话出自《孟子·公孙丑下》第十章，该章主要记载了孟子辞去齐国的官职后，齐王想通过财富吸引孟子留下，而孟子则以"龙断"的故事阐明了自己为官是为行道而非求利的立场。在这

段话中，孟子对"贱丈夫"登上"龙断"意图网罗市利的行为进行
了讽刺，从而突出了君子立身行道，不为财富之利所动摇的坚定
态度。

夫利〔1〕，百物之所生也，天地之所载也，而或专〔2〕之，其害多矣。天地百物，皆将取焉，胡可专也？……匹夫专利犹谓之盗，王而行之，其归〔3〕鲜矣。

——《国语·周语上》

注释

〔1〕这里的"利"是一个中性的含义，指万物生成的有用之物，如财利、货利等。

〔2〕专，独自掌握和占有。

〔3〕归，归向、归附之义。

译文

所谓利，是万物生成的（有用之物），它承载于天地之间，如果想要独自占有它们，危害会非常多。天地万物（之利），任何人都可以取而用之，怎么能被独占呢？……平民百姓独占万物之利都会被称作盗贼，君王要是这样，就很少会有人归附于他了。

解析

这段话是周朝大夫芮良夫针对周厉王宠幸荣夷公而有"专利"之行的劝谏之言。在芮良夫看来，万物生成的财货之利，是由天地所成就的，因此应该被所有人分享，而不是被任何人私自占有。而从治国的角度来看，君王如果独占万物之利，而不将其分于万民，最终不但得不到人心归附，自身统治也将产生危害。这其实就提出了一个重要政治原则，不与民争利，无论是在后世的儒家学说中，还是历代的政治实践中，这一原则均得到了继承。

地有余而民不足，君子耻〔1〕之。众寡均而倍焉〔2〕，君子耻之。

——《礼记·杂记下》

〔1〕耻，感到耻辱。

〔2〕"众寡均"，根据郑玄注解，是指在劳役等公共事务中，他方与己方人数众寡相等；而"倍焉"则指他方的功绩比己方多出一倍。

译文

土地有余而居民不足，君子对此感到耻辱。（劳役中）双方人数相等而他方功绩却多出一倍，君子对此感到耻辱。

解析

这段话属于《礼记·杂记》中"君子五耻"当中的两条。在儒家看来，土地是为了养活百姓万民，因此土地大小与民众多寡之间是可以相互参证的。如果土地有余民众却不繁盛，那就意味着没有能够很好地教养百姓，从而使其逃散，所以君子以此为耻。而在劳役等公共事务中，在人数相等的情况下，对方的功绩比己方多出一倍，那就意味着没有对众人起到率领作用，百姓不与自己同心同德，所以君子以此为耻。

天下为公　大同世界

141

古者什一而籍〔1〕。古者曷为什一而籍? 什一者天下之中正也。多乎什一,大桀、小桀〔2〕;寡乎什一,大貉、小貉〔3〕。什一者天下之中正也,什一行而颂声作矣。

——《春秋公羊传·宣公十五年》

注释

〔1〕籍,征收。这里涉及儒家的井田之制,按照何休的注解,八家受田九百亩,其中私田八百亩(一家百亩),公田一百亩,共为一井,故曰井田。在一百亩公田中,八家庐舍占二十亩,剩余八十亩,每家耕种十亩,这样就是十一而税。

〔2〕夏桀昏庸无道,征重税于百姓。这里以其作为比喻,重中之重者,可称为大桀;重中之轻者,可称为小桀。

〔3〕蛮貉之族,没有社稷、宗庙、百官之制,因此征税很轻。这里以其作为比喻,轻中之轻者,可称为大貉;轻中之重者,可称为小貉。

译文

古时候籍田采用十一而税。古时候籍田为什么要十一而税? 十取其一是天下最为公正的制度。多于十一,就好比是大桀、小桀。少于十一,就好比是大貉小貉。十取其一是天下最为公正的制度,行十一就会有太平和颂之声。

解析

无论历史中是否有过井田制,十一而税一直是儒家理想的田税制度，高于这个标准就意味着压榨百姓，是苛政之举；而低于这个标准则意味着野蛮粗鄙，还未踏进未进文明畛域。因此，十一而税实际上是文明的某种符号化体现，它背后指向的其实是以仁爱、礼乐为核心的王道政治。

白圭曰:"吾欲二十而取一,何如?"孟子曰:"子之道,貉道〔1〕也。万室之国,一人陶,则可乎?"曰:"不可,器不足用也。"曰:"夫貉,五谷不生,惟黍生之,无城郭、宫室、宗庙、祭祀之礼,无诸侯币帛饔飧〔2〕,无百官有司,故二十取一而足也。今居中国,去人伦,无君子,如之何其可也?陶以寡,且不可以为国,况无君子乎?欲轻之于尧舜之道者,大貉、小貉也;欲重之于尧舜之道者,大桀、小桀也。"

——《孟子·告子下》

注释

〔1〕貉为蛮夷之族,貉道即野蛮、未开化之道。

〔2〕币帛指财币丝帛,这里引申为诸侯之间互赠礼物。饔飧为贪食之兽,这里引申为诸侯间的宴饮。

译文

白圭说:"我打算按二十取一收税,如何?"孟子说:"你走的这种道路,就是像貉一样的野蛮之道。有万户居民的国家,却只有一个人制作陶器,这样可以吗?"白圭说:"不可以,那样器皿就不够用了。"孟子说:"貉这样的地方,不生长五谷,只生长黍。没有城邑、宫室、宗庙以及祭祀礼仪,没有诸侯之间财币丝帛之类的礼物馈赠和宴饮,没有各级官吏机构,所以二十取一而收税就足够了。现今居住于中国,抛弃人伦,没有君子,怎么可以呢?制作陶器的人少,尚且不可以治理一个国家,更何况没有君子?想要(税收)比尧舜之道还轻的,就是大貉、小貉;而想要比尧舜之道还重的,就是大桀、小桀。"

    这里以征税作为一个角度，引申出了对文明与野蛮的讨论。在孟子看来，白圭说主张的二十取一而税，不仅仅是一个税收轻重的问题，而是关系到如何治理文明之邦的问题。华夏文明以人伦、礼乐为核心，兼百官宫室之繁盛，因此既不能效仿蛮貊之道征税过轻，也不能效仿夏桀之道征税过重，而是要采用合理的税制，即十一而税。

天下为公　大同世界

孟子曰："有布缕之征〔1〕，粟米之征〔2〕，力役之征〔3〕。君子用其一，缓其二。用其二而民有殍，用其三而父子离。"

——《孟子·尽心下》

注释

〔1〕以布缕为赋税。布可做军衣，缕可缝铠甲。

〔2〕以稻谷粮食为赋税。粟米可为军粮。

〔3〕以劳役等体力劳动为赋税。

译文

孟子说："有以布缕为赋税，以粮食为赋税，以劳役为赋税。君子为政，用其中一种，则另外两种暂时不用。（因为）同时用两种就会有人饿死，而同时用三种则会父子离散。"

解析

在这段论述中，孟子通过征税的尺度问题阐发了以民为本的思想主张。在孟子看来，在征收赋税时，应当首先考虑百姓的承受程度，如果税收杂多，超过了百姓的承受程度，就会产生途有饿殍、家庭离散的恶果，从而使国家面临巨大的危害。《尚书·五子之歌》云："民惟邦本，本固邦宁。"孟子所秉承的正是这一观念。

"太"者，大也，大者，天也，天能覆育[1]万物，其功[2]最大。"平"者，地也，地平，然能养育万物。

——《太平经·癸部》

注释

[1] 覆育，覆盖化育。相较地之养育，天还有化生之功，所以解为化育更佳。

[2] 功，一般可以理解为功劳、功绩。这里言天，解为功德更佳。

译文

所谓"太"，也就是大，大指的是天，天能覆盖化育万物，功德最大。所谓"平"，指的是地，地虽然是平的，但能够养育万物。

解析

在《太平经》中，这一段论述主要是解释"太平"二字，将"太平"分别和"天地"对举比附，从而彰显"太平"之广大。此外，这里对天地的解释，主要从自然主义的角度强调天地生养万物的功德，天以其大覆盖化生，地以其平承载养育，从而成就世间万物。这样一种观点表达了《太平经》天地人"三统共生"的观念。

天下为公　大同世界

147

或身即坐〔1〕，或流后生〔2〕。所以然者，乃此中和之财物〔3〕也，天地所以行仁也，以相推通周足〔4〕，令人不穷。今反聚而断绝之，使不得遍也，与天地和气为仇。

——《太平经·丁部之十六》

注释

〔1〕坐，获罪。"身即坐"即自身获罪。

〔2〕流，传布、扩散。"流后生"即殃及后代。

〔3〕在《太平经》中，中和即中和气，指太阳气与太阴气交合而成之气，它散布于天地之间。中和之财物，则指财物因中和气生成和流布。

〔4〕推通，推移流通。周足，周遍充足。

译文

有的人积累了亿万财物，却不肯救助穷人、周济急难，最终使他人饥寒而死，这样的罪是不可免除的。他们或自身获罪，或殃及后代。之所以是这样，是因为财物因中和之气生成和流布，天地以其施行仁惠，通过推移流通（使财物）周遍充足，从而使人不陷于困境。如今反而聚集（财物）而断绝之，使其无法周遍，这是与天地中和之气为仇。

解析

这段话论述的是《太平经》中的"六罪"之一，即有财吝惜而不救济施舍。在充满道德训诫的陈述中，值得注意的有两点：其一，善恶报应，在《太平经》看来，恶行终将遭恶报，即使不显现在自身也将显现于后代，这一思想对中国人的观念影响巨大。其二，中和财物，在《太平经》看来，财物因中和之气生成和流布，因此唯一正确的方式就是使其周遍流通，以成就万民。这一观点使"均财"的主张获得了一种形而上的依据。

王者欲自为计，盍为人心世俗计矣。有如贫相轧，富相耀；贫者阽〔1〕，富者安；贫者日愈倾〔2〕，富者日愈壅〔3〕。或以羡慕，或以愤怨，或以骄汰，或以啬吝，浇漓诡异〔4〕之俗，百出不可止，至极不祥之气，郁于天地之间，郁之久乃必发为兵燧，为疫疠，生民噍类〔5〕，靡有孑遗，人畜悲痛，鬼神思变置。其始，不过贫富不相齐之为之尔。小不相齐，渐至大不相齐；大不相齐，即至丧天下。

——龚自珍《平均篇》

注释

〔1〕阽，临近边缘或处于险境。

〔2〕倾，倒塌，这里可理解为贫者愈贫。

〔3〕壅，堆积，这里可理解为富者愈富。

〔4〕浇漓，指人情或风俗淡薄。

〔5〕噍类，指能吃东西的动物，这里泛指有生之类。

译文

君王想要为自身谋划，何不为人心世俗谋划呢。就像贫者相互倾轧，富者相互炫耀；贫者危困，富者安居；（最终）贫者愈贫，富者愈富。对于这样的状况，有的人羡慕，有的人怨愤，有的人骄纵，有的人吝啬，各种浮薄诡异的风气层出不穷，难以禁止，极为不祥的气氛，集聚于天地之间，一旦集聚日久必然发展为战乱、瘟疫，有生之类，皆不能幸免，人畜悲痛，鬼神也会思虑改易更制。开始，不过就是贫富不均造成的。然而从小不均，慢慢到大不均；

等到了大不均，也就到丧失天下之际了。

▌解析▌

　　龚自珍深刻洞察到贫富不均带来的危害。在他看来，如果说以商人为代表的"富者"的争相敛财带来了贫富悬殊，那么作为劳苦人民的"穷者"之间的相互倾轧，同样会让这一趋势加剧，最终不但造成了严重的风气败坏，战乱乃至瘟疫也将接踵而至。由此，"平均"的重要性也就凸显了出来。当然，龚自珍所言的"平均"并不是绝对意义上的均贫富，而是各取其分，并以一系列制度方式来控制贫富分化。

天下为公　大同世界

子庶民则百姓劝，来百工则财用足，柔远人则四方归之。……时使薄敛〔1〕，所以劝百姓也；日省月试〔2〕，既廪称事〔3〕，所以劝百工也；送往迎来，嘉善而矜不能〔4〕，所以柔远人也。

——《礼记·中庸》

注释

〔1〕时使，按时令役使百姓，使不违农时。薄敛，轻收赋税。

〔2〕省，检查；试，考核。日省月试，形容经常检查考核。

〔3〕既廪，按照郑玄的注解为"饩廪"，即官府发放的饮食、粮食之类；称事，称当其事，即与事功相当。既廪称事，即按劳发放给养。

〔4〕嘉善，赞美善行。矜，同情；矜不能，即同情才能不足的人。

译文

待民如子百姓就会劝勉，招纳百工财物就会充足，安抚远人四方就会归附。……按照时令役使百姓、轻收赋税，以此来劝勉百姓；日日检查月月考核，按劳发放给养，以此来劝勉百工；送别离去的人、迎接到来的人，赞美有善行的人、同情才能不足的人，以此来安抚远人。

解析

《中庸》云："凡为天下国家有九经"，这段话论述了其中的三条。对于"子庶民",儒家素来主张待民如子,并提倡使民以时与轻征薄敛。从源头看,这继承的正是《尚书·洪范》"天子作民父母,以为天下王"的思想。对于"来百工",百工兴盛关系国家财用,因此既诚意招纳之,又严格考核之,所谓宽猛相济。对于远人,则以道德安抚之、礼仪接待之、言行感召之,从而形成一种四方归附的局面。从庶民到百工再到远人,这是一种由近及远的天下胸怀,其最终的结果就是"近者悦,远者来"的"王化"境界。

第三篇

王霸

战国时期，儒家目睹诸侯争霸导致民不聊生的处境，提出了王霸之辨。这是借助三代王道政治为参照，批判诸侯土地兼并、苛税重役的霸道。孟子和荀子分别从多种角度提出了王道与霸道的区别，贯穿在这些辨析背后的，是儒家对『民生』的关怀。

无偏无党〔1〕，王道荡荡〔2〕；无党无偏，王道平平；无反无侧〔3〕，王道正直。

——《尚书·周书·洪范》

注释

〔1〕偏：不平、偏私、不中；党：阿党、不公。

〔2〕荡荡：宽广。

〔3〕反：有悖于常理；侧：倾斜，与正直相反。

译文

没有偏私、没有阿党，王者的道路是如此广远不狭隘、容易无阻碍；不违背常识、不倾斜狭隘，王者的道路是如此公平正直。

解析

《尚书·洪范》是古代中国最重要的政治哲学作品，借箕子和武王的对话，铺陈出天子统治国家的九项基本原则（"洪范九畴"），这些原则最终指向的理想被概括为"王道"。引文指出了王道理想的特征即是公正无私。

持守一颗公平正直的心很难，常人都是顺着一己之好恶来待人接物，只有圣人能做到公正无私。圣人虽然喜爱某个人但也能了知其缺点，虽然憎恶某个人但也能肯定其长处，不因人废言，也不以言废人。

所谓"公"，也是以同等的方式对待天下人。不仅仅只爱自己的孩子，也爱别人家的孩子。天子爱天下人，会像父母爱子女一样，百姓才会趋之若鹜，亲附和拥戴天子做天下共主。

在国际交往中，虽然维护本国利益很重要，但是超越一国利益之偏狭，寻求人类的共同利益和共同价值，才能形塑人类命运共同体。

孟子曰："以力假〔1〕仁者霸，霸必有大国，以德行仁者王，王不待〔2〕大。汤以七十里，文王以百里。以力服人者，非心服也，力不赡〔3〕也；以德服人者，中心悦而诚服也，如七十子之服孔子也。"

——《孟子·公孙丑上》

注释

〔1〕假：借助，假借。

〔2〕待：以……为基础，依赖某种东西。

〔3〕赡：足够。

译文

孟子说："倚仗自己的武力，借助仁义的名号进行讨伐的国家，可以称霸于诸侯，但称霸一定要依靠国大力强；凭借道德而实行仁政的，则不必以此为基础。商汤依靠的是纵横七十里的土地，周文王赖以立足的也是方圆百里的小国。以武力征服人的，别人不会心悦诚服，只是因为实力薄弱罢了；以恩德使别人归服，是打心眼里归服，像孔子门下的七十多位弟子归服孔子那样。"

解析

孟子所处的战国时代，兼并战争频繁，触目所及皆是大国吞并小国、强国吞并弱国的例子，孟子认为这都是霸道，是以力服人。一旦力量对比发生变化，被欺压者必定会起来反抗。所以长治久安的根本在以德服人。

齐宣王问曰："齐桓、晋文之事〔1〕可得闻乎?"孟子对曰："仲尼之徒无道桓、文之事者,是以后世无传焉。臣未之闻也。无以〔2〕,则王乎?"曰："德何如,则可以王矣?"曰："保民而王,莫之能御也。"

——《孟子·梁惠王上》

|注释|

〔1〕齐桓、晋文之事:齐桓公和晋文公如何取得霸主地位的事情。齐桓公和晋文公都是春秋五霸里有名的霸主。

〔2〕以:通"已",停止。"无以"是一个假设的条件,如果实在不能停止齐宣王追问的话。

|译文|

齐宣王问孟子:"您能把春秋时齐桓公、晋文公成就霸业的事讲给我听听吗?"孟子答道:"孔子的学生们没有一个谈到这两位霸主的事业,所以后世没有流传下来,我也就不曾听说过。大王如果一定要让我说,那么就谈谈用道德的力量统一天下的'王道'吧。"齐宣王问道:"要具备什么样的德行才能实行王道呢?"孟子答道:"通过使老百姓安居乐业的方法便可实行王道,这是任何人无法抵御的。"

|解析|

齐宣王想通过谋求力量上的强盛来追求霸道,而在孟子看来,儒家一直把霸道作为反面例子,以此凸显王道政治的更为可取之处。霸者依靠力量维护霸主地位，王者依靠德行建立天下秩序。在追求力量政治的战国时期，孟子着重强调了王道的一个重要表现，在于统治者保护老百姓的利益，使得人民安居乐业。当前神州大地的移民扶贫实践，既富口袋也富脑袋，引导贫困群众依靠勤劳双手和顽强意志，摆脱贫困、改变命运。实实在在地解决好就业工作，不搞形式主义，才能让老百姓安居乐业。

天下为公 大同世界

孟子对曰："……王如施仁政于民，省刑罚，薄税敛，深耕易耨〔1〕。壮者以暇日修其孝悌忠信，入以事其父兄，出以事其长上，可使制梃以挞秦楚之坚甲利兵矣。彼〔2〕夺其民时，使不得耕耨以养其父母，父母冻饿，兄弟妻子离散。彼陷溺其民，王往而征之，夫谁与王敌？故曰：'仁者无敌。'"

——《孟子·梁惠王上》

注释

〔1〕易耨：快速地锄草。

〔2〕彼：指的是秦国和楚国。

译文

孟子回答（梁惠王）道："……大王如果对老百姓施行仁政，减免刑罚，放宽赋税，让他们深耕细作，速除秽草；再利用农闲时间，教育年轻人孝顺父母、尊敬兄长、为人竭尽忠信，并用这些道德标准在家侍奉父兄，出外尊重上级。如果这样，即使手持木棍，也可以打击披坚执锐的秦楚军队。"（这是什么缘故呢？）因为秦楚两国（穷兵黩武，）剥夺了老百姓的耕种时间，使他们不能从事生产以养活自己的父母，以致双亲饥寒交迫，兄弟妻子流离失散。秦国和楚国的统治者使他们的百姓陷于水深火热之中，如大王乘机讨伐他们，那么会有谁来抵抗呢？所以说：'施行仁政的人是无敌于天下的。'"

孟子有关"仁者无敌"的说法非常著名，这不是空洞的道德口号，而是要强调——能够无敌于天下的保障在于推行爱惜民力、教化民众的仁政，这样百姓对政府才有向心力。面对外敌入侵，才能同仇敌忾，战斗力和士气都胜人一筹。正义就是最强的力量。魏源曾说："自古有不王道之富强，无不富强之王道。"寻求富强并保障全人类的公平正义，是王道的应有之义。

天下为公　大同世界

孙卿子曰："……彼仁者爱人，爱人故恶人之害之也；义者循理，循理故恶人之乱之也。彼兵者所以禁暴除害也，非争夺也。故仁者之兵，所存者神〔1〕，所过者化〔2〕，若时雨之降，莫不说喜。"

——《荀子·议兵》

注释

〔1〕所存者神：存，驻守。军队所驻扎存止的地方，人人畏惧如神明。

〔2〕所过者化：军队所经过的国家，百姓都被教化。

译文

荀子说："正是因为仁者关心爱护人，所以才厌恶人伤害别人；正是因为义者遵循正理，所以才讨厌人祸乱正理。重视军事的目的，在于禁止暴力、剪除危害，不是为了争夺。故而仁者的军队，令恶人畏惧，平民得到教化，（无论到哪里）都像及时雨一样，没有人不感到欢喜。"

解析

即便是发动战争，荀子依旧强调拥有仁义之德对于用兵的意义。"仁"强调道德行为展现出来爱人的维度，"义"强调道德行为展现出来在不同的情境中遵循事物正理的维度。因而战争并不构成自身的目的，统治者出于对百姓的爱护、出于对破坏正理的厌恶而用兵，用兵的目的本就是禁暴除害。这些价值的彰显，有益于建立更好的生活方式，以及夯实军民双方间的密切联系。荀子强调的军队应具有的道德品质，可以为当今中国对正义之师、文明之师的倡导提供更积极的视角。

是以尧伐驩兜，舜伐有苗，禹伐共工，汤伐有夏，文王伐崇，武王伐纣〔1〕。此四帝两王，皆以仁义之兵，行于天下也。故近者亲其善，远方慕其德，兵不血刃〔2〕，远迩来服，德盛于此，施及四极。

——《荀子·议兵》

▍注释▍

〔1〕驩兜、有苗、共工、有夏、崇、纣：都是古代残暴的部落名字或者君主之名。

〔2〕不血刃：不杀人，不流血。兵器派不上用场。

▍译文▍

尧伐驩兜，舜伐有苗，禹伐共工，汤伐有夏，文王伐崇，武王伐纣，这都是四帝两王替天行道、出兵诛杀凶残的蛮族暴君、维护仁义的事迹。故而近处的人都亲附圣王的善政，远方的人都仰慕圣王的仁德，不等出兵打仗就都来归服了。君主之德如果能够达到这样高的程度，他的影响就会遍布全世界。

▍解析▍

荀子强调，征伐的目的如果是正义的，必定能得到天下人的拥护。另一方面，荀子还强调了政治影响的作用远胜于军事征伐。一种崇尚仁义、爱好和平的民族文化，非常显著地具有国际吸引力。

即使是正义的战争，也存在伤亡，这是否违背了儒家所倡导的仁爱之德？荀子以一种夸张的方式告诉我们，用兵的最高境界是攻心。正义的战争，在讨伐暴君的时候，其内部早已军心涣散、阵前倒戈，以至于我方的军队兵器根本派不上用场，就四方咸服。

孟子曰："桀纣之失天下也，失其民也；失其民者，失其心也。得天下有道：得其民，斯得天下矣；得其民有道：得其心，斯得民矣；得其心有道：所欲与〔1〕之聚之，所恶勿施尔也。民之归仁也，犹水之就下、兽之走圹〔2〕也。"

——《孟子·离娄上》

注释

〔1〕与：为。

〔2〕走圹：跑在旷野上。

译文

孟子说："夏桀和商纣之所以丧失天下，是因为失去了百姓的拥戴；失去了百姓的拥戴，是因为失去了民心。获得天下有一定的规则：得到百姓的支持，便能得到天下。得到百姓的支持也有一定的规则：抓住了民心，便能得到了百姓的支持。抓住民心同样有一定的规则：百姓所需要的替他们积聚起来，所厌恶的不要强加给他们，就是这样罢了。老百姓归附仁道，就像水往低处流淌，兽朝旷野奔跑一样，是自然亘古不变的道理。"

解析

得民心者得天下，孟子揭示了民心向背与统治合法性之间的关系。桀纣最终失去统治合法性，是由于失去了民心。因而靠强力统治容易，但依然会得而复失。唯独凝聚人心，才能稳定天下。统治者需要靠自身的德行来吸引百姓的归附，仁德体现为统治者真正考

虑到百姓的生活需要及其对于良善生活的向往，并为他们谋福利，
这样自然就能得到百姓的拥戴。

今王发政施仁，使天下仕者皆欲立于王之朝，耕者皆欲耕于王之野，商贾皆欲藏于王之市，行旅皆欲出于王之途，天下之欲疾〔1〕其君者，皆欲赴愬〔2〕于王：其若是，孰能御之？

——《孟子·梁惠王下》

注释

〔1〕疾：痛恨。

〔2〕愬：通"诉"。

译文

如今大王若施行仁政，就能使天底下的士大夫都想到您的身边来效力；天底下的庄稼人都想到您的国土上种地，所有的商人都想到您的街市上做生意；来往的旅客都乐意取道齐国；那些对本国君主怀有怨恨的人们，也都想到您这里来申诉、求您主持正义。如果是这样，谁又能阻挡得了齐国成为一个伟大的国家呢？

解析

民心就是最大的政治。孟子心心念念的仁政，无非是想人民之所想，急人民之所急，让各行各业的人都能过上富足而有道德的生活。这样一来，自然会引得他国人民的羡慕，希望徙居到行仁政之国。所谓"公道自在人心"，谁能主持正义，谁最能为百姓着想，谁就能成为一个伟大国家的领导者。

孟子曰："以善服人〔1〕者，未有能服人者也；以善养人〔2〕，然后能服天下。天下不心服而王者，未之有也。"

——《孟子·离娄下》

注释

〔1〕以善服人：从抽象的道德原则出发，进行强制性说教。

〔2〕以善养人：顺从民众的物质愿望，并对其做出引导教育。

译文

孟子说："以生硬的道德说教使人折服，并不能真正达到目的，只是凸显出来说教者的傲慢；顺从民众的愿望，并对其做出引导教育，才能使天下的人心悦诚服。如果人民不是发自内心地折服，就能做到统一天下，这是不可能的事。"

解析

合乎民心或者民心之所向，并不是单纯地体现在观念层面，而是有着更为具体的内容——顺从百姓的心愿，满足他们的实际需要。政治以良好的生活为指向。

对于执政者而言，若要服人，则不能在别人有过错的时候，站在道德制高点去公然声讨他、责备他，而应当秉持仁爱之心循循善诱，渐渐引导他回到正道上来。只有自己躬行仁爱、勇当先锋、主动担当、积极作为，同时对周围人多加恩惠，才能真正让人心悦诚服，为民众所广泛接受。

孟子曰："霸者之民，骧虞〔1〕如也；王者之民，皞皞〔2〕如也。杀之而不怨，利之而不庸，民日迁善而不知为之者。夫君子所过者化，所存者神，上下与天地同流，岂曰小补之哉？"

——《孟子·离娄下》

注释

〔1〕骧虞：通"骧娱"，欢乐。

〔2〕皞皞：广大自得的样子。

译文

孟子说："霸主的百姓们（因为得到小恩小惠）充满喜悦之情；圣王的百姓们（因为得到教化）感到心旷神怡。这样，人民即使是被王者杀掉也不会怨恨（因为圣王杀伐的理由正当，并非出于私心报复），即使得到恩惠也没觉得应该酬谢（因为圣王的政教润物细无声，甚至感觉不到统治者的存在），而民风每天都自觉地向好的方面转变。圣人所到之处，都被感化；圣人停留之地，那微妙的影响更是神秘莫测。上与天、下与地一同运转，这难道仅仅是微不足道的补益吗？"

解析

王道、霸道是两种不同的国家社会治理方式：以德服人，并且以德行仁，不必以强大的国家为基础，但人们由衷地信服，而且心情无比舒畅，此乃王道；以力服人，并且以力假仁，必须以强大的国家为基础，但人们因为自身弱小而不得不服从，或者因为一时的实际利益而显得欢娱，此乃霸道。

圣贤以其仁义而能过化存神；老百姓受仁义的感召而前来归附，并接受教化。圣王有极高的德性，其制礼作乐也担负着国家和民族的责任，这一系列的精神感召，能改变人民的心理与行为，达到移风易俗的治理效果。

隆礼〔1〕尊贤而王，重法爱民而霸，好利多诈而危，权谋倾覆〔2〕幽险〔3〕而亡。

—— 《荀子·强国》

注释

〔1〕在荀子思想中，"礼"是其核心内容，是人间秩序的法则，亦是为政的纲领。

〔2〕倾覆：倾轧陷害。

〔3〕幽险：阴暗险恶。

译文

崇尚礼义、尊重贤能的君主称王天下；重视法度、仁爱人民的君主称霸天下；好利狡诈的君主就危险；玩弄权谋的君主、倾轧陷害臣民的君主以及阴暗险恶的君主会使得国家灭亡。

解析

荀子认为，一个国家能强大，实现长治久安，要"隆礼尊贤"。"礼"是从人与人的关系这一角度去讲的，"尊贤"是对待人才的方式。荀子强调君臣上下之间都要讲礼，对有才能的人、德性高的人要尊重，这样一来整个国家形成一种讲礼义、彼此尊重的氛围，其强大也就不言而喻了。一个国家若没有礼，会导致整个国家失去秩序，离灭亡也不久矣。所以说，礼法是社会秩序保障的根基。并且，国家的发展也离不开优秀人才的奉献，让更多的人发挥出自己最大的才能，对社会的发展具有重要作用。

故用国者，义立而王〔1〕，信立而霸〔2〕，权谋立而亡。

——《荀子·王霸》

注释

〔1〕王：君主实行王道，实现王业。"王道"作为儒家最高政治理想，其基本内涵是用道德感化天下，使天下归一。

〔2〕霸：君主实行霸道，实现霸业。"霸道"是指类似春秋时期"五霸"所建立起来的功业，其基本内涵是凭借武力、军事力量称霸天下。

译文

因此治理国家的统治者，实行礼义就能称王，建立信用就能称霸，玩弄权谋就要灭亡。

解析

"义立、信立、权谋立"是荀子认为治理国家的三种选择，其治理效果程度是递减的。"义立"是最好的治理方式，能真正实现王业。在荀子思想中，王道显然是高于霸道的，故义立在信立之上，但也非在信立之外；义立包含信立，但又拥有着更高的理想和价值观。这对当今处理国际关系也有启示意义。在国际舞台上，任何国家都首先要讲正义、讲信用，按照国际条约做事，反对耍阴谋，暗中插手别国政治的做法。

故曰：以国齐义，一日而白〔1〕，汤武〔2〕是也。汤以亳〔3〕，武王以鄗〔4〕，皆百里之地也，天下为一，诸侯为臣，通达之属，莫不从服，无它故焉，以义济矣。是所谓义立而王也。

——《荀子·王霸》

注释

〔1〕白：显明，显耀。

〔2〕汤武：商汤王、周武王。

〔3〕亳：商汤的国都。

〔4〕鄗：周武王的国都。

译文

所以说：整个国家因遵循礼义而统一，一日就能名扬天下，商汤王、周武王就是这样的人。商汤王在做诸侯的时候定都在亳，周武王定都在鄗，都是只有方圆百里的地方，却能统一天下，臣服诸侯，凡是能到达的地方没有不归顺服从的，这没有其他原因，是因为遵循礼义。这就是人们所说的确立正确的礼义就能称王天下。

解析

在荀子看来，治理国家的原则不同，最终造就了不同的政治格局以及生活形态，而王道政治是最好的政治形态。将礼义作为国家建设的真正根基，在国家治理过程中贯彻礼义的原则，在政治生活中展现仁义之行，统治者最终可以称王于天下。

一方面，建立牢固的共同体，离不开对于人性中良善一面的彰显。另一方面，人性中良善的面向，又使得人们之间的感通成为了可能。因此，即便统治者暂时处于实力弱小的地位，但是君主的德行可以吸引天下百姓对于他的向往与归附。正如商汤、武王虽然只拥有百里之地，却实现天下统一那样，以礼义作为国家根基的君王，最终会建立起统一的天下秩序。

天下为公 大同世界

非本政教也，非致隆高也，非綦文理〔1〕也，非服人之心也，乡方略，审劳佚，谨畜积，修战备，齺然〔2〕上下相信，而天下莫之敢当。故齐桓、晋文、楚庄、吴阖闾、越勾践，是皆僻陋之国也，威动天下，强殆〔3〕中国〔4〕，无它故焉，略信也。是所谓信立而霸也。

——《荀子·王霸》

注释

〔1〕非綦文理：法律条文不是极度完备。綦：极。

〔2〕齺然：上下相向如齿相迎。

〔3〕殆：使……感到危险。

〔4〕中国：中原地区国家。

译文

他们虽没有把政治教化当作根本，不是最崇尚礼法，没有拥有最完备的法律条文，没能彻底征服民心。但他们注重方针策略，谨慎对待劳与逸，认真积蓄物资，加强战备，上下互相信任就像牙齿相结合一样，天下没有人敢与之对抗。因此齐桓公、晋文公、楚庄王、吴王阖闾和越王勾践，虽然他们的国家都是偏僻落后的国家，但他们也能名震天下，强大到足以使中原各国感到危险，这没有别的原因，是因为得到天下人的信任。这就是所说的建立信用就能称霸天下。

┃解析┃

　　立足于政治教化的王道政治，可以建立起有序、良善的政治生活。与王道政治相比，通过霸道建立起的政治秩序存在着诸多不足之处。但是在战国纷争的现实处境下，荀子并没有完全否定霸道所具有的现实意义。

　　由霸道确立的政治生活，建立在取信于天下的基础上。由此可见，霸道虽然离不开对于力量的追求，但是它并不是纯粹的力量政治，它也需要以某种价值作为维持政治秩序的根基。

天下为公　大同世界

絜国以呼功利〔1〕，不务张其义，齐其信，唯利之求，内则不惮〔2〕诈其民，而求小利焉；外则不惮诈其与，而求大利焉，内不修正其所以有，然常欲人之有。如是，则臣下百姓莫不以诈心待其上矣。上诈其下，下诈其上，则是上下析〔3〕也。如是，则敌国轻之，与国疑之，权谋日行，而国不免危削，綦之而亡〔4〕。

——《荀子·王霸》

注释

〔1〕絜国以呼功利：杨倞注：言所务唯功利也。功役使利，贪求之也。

〔2〕惮：害怕、顾及。

〔3〕析：离析。

〔4〕綦之而亡：杨倞注：其极者则灭亡。

译文

统领全国来倡导功利，而不致力于发扬礼义、恪守信用，唯利是图，对内毫无顾忌地欺压人民而攫取小利，对外毫无顾忌地欺诈盟国而追求大利，对内不管好自己国家拥有的，却常想得到别人拥有的东西。如果这样，臣子、百姓没有不用欺诈之心对待自己的君主的。君主欺骗臣下，臣下欺瞒君主，上下离心，如果这样敌国便会轻视，盟国就会怀疑，玩弄权谋的习气一天比一天盛行，国家陷入危险境地，甚至被削弱，发展下去则会灭亡。

在荀子看来，除了王道、霸道之外，还存在着另外一种政治秩序与生活形态。这样的政治秩序是建立在抛弃一切价值理念、激发人们的诈利之心的基础上。作为一种败坏的政治秩序，会使得整个国家面临衰微甚至灭亡的境地。

从占据高位的统治者开始，不顾他人，追逐自身的利益。当高位者抛弃应有的责任，他们的视野被暂时且狭隘的利益之心遮蔽后，会引起全国范围内的上行下效，最终会使得人人以利相交，整个社会盛行玩弄权谋的风气。

天下为公　大同世界

故与积礼义之君子为之则王〔1〕，与端诚信全之士为之则霸〔2〕，与权谋倾覆之人为之则亡。

——《荀子·王霸》

注释

〔1〕先秦儒家的政治理想中，王道治国是最高政治理想。其内容与德、仁、礼、义分不开。只是在不同时期的侧重有所不同。

〔2〕霸：荀子认为如果实现不了王道，能实现霸道也比国家走向灭亡好。荀子在提到霸道的时候多用正面词语。故霸道治国在荀子看来，是可以作为一种治国方式实施的。

译文

所以，与长期积累礼义的君子一起治国，就能称王天下；与品性正直、忠诚、守信誉的全才人士一起治国，就能称霸诸侯；与玩弄权术、变化无常的人一起治理国家，国家就会灭亡。

解析

荀子对霸道治国，并不是持全然否定的态度。在荀子的描述中，"霸道"作为一种手段也能治理好国家，但不是最好的方式。在其价值体系中"王道"依然是荀子政治思想中的最高理想，这一点沿袭了先秦儒家的政治理想。

在近似于战国时期的国际局势的当今时代，没有令人信服的经济实力、军事实力，一个国家很难在世界上立足。不过，若想成为一个举世崇敬的国家，更在于文化软实力，在于人文价值观和超越利益的道义原则。在提高硬实力的同时关注文化软实力，才是真正长久的治国之道。

故修礼者王，为政者强，取民者安，聚敛者亡。故王者富民，霸者富士，仅存之国富大夫，亡国富筐箧[1]，实府库。筐箧已富，府库已实，而百姓贫：夫是之谓上溢而下漏[2]。入不可以守，出不可以战，则倾覆[3]灭亡可立而待也。

——《荀子·王制》

注释

〔1〕筐箧：指装东西的用具。

〔2〕上溢而下漏：王先谦曰：即是上富而下贫。

〔3〕倾覆：指政权崩溃。

译文

所以实行礼义的人称王天下，善于治理国家的人使国家强大，得民心的人使国家稳定，搜刮钱财的人使国家灭亡。因此王者让百姓富足，霸者让武士富有，勉强存活的国家只能使士大夫以上阶层富有，灭亡之国的财富在国君的筐和箱里，充实在国库中。国君富足，国库充盈，但百姓贫困，大概就叫作上富下贫；这样的国君对内无法坚守，对外无法征战，政权颠覆国家灭亡的日子就会来临。

解析

这一段话指出荀子理想中"王道"社会的经济状况，必定是藏富于民的。如果财富只聚集在少部分人手里，那这个国家迟早要走向灭亡。荀子在其强国、富国的构想中做出了很多利民的经济政策。只有坚定人民立场，体现人民利益的决策才能得到人民的支持和拥护。也只有得到人民的肯定，国家才能长治久安。

王夺之人〔1〕，霸夺之与〔2〕，强夺之地。夺之人者臣诸侯，夺之与者友诸侯，夺之地者敌诸侯。臣诸侯者王，友诸侯者霸，敌诸侯者危。

——《荀子·王制》

注释

〔1〕夺之人：谓争取人心。

〔2〕与：杨倞曰：与国也。

译文

想实行王道争取的是人心，想称霸诸侯争取的是与邻国结盟，想显示强大夺取的是他国土地。争取人心者能使诸侯臣服，争取同邻国结交者能和诸侯国成为朋友，争夺他国土地者使诸侯成为敌人。让诸侯称臣的人能称王天下，能和诸侯成为朋友的人能称霸诸侯，与诸侯成为敌人的人则危险。

解析

这一段话指出荀子理想中王道社会的经济状况，此句说明了王者、霸者、强者三者想要争取的东西有根本上的不同，他们的行为也由此产生了不同的结果。如果为强者，发起战争夺人之地，则伤民甚，民心所背离也，"是强者之所以反弱也"。

为了利益侵占他国土地的做法，不仅会遭到他国人民的反抗，也得不到本国人民的支持。强盗的做法只会让自己失去民心也失去已有的优势。其次与盟国结交，是外交的重要一步，但若想真正名扬天下，还是要从自身提高，争取民心所归。

故善[1]日者王，善时者霸，补漏者危，大荒[2]者亡。故王者敬[3]日，霸者敬时，仅存之国危而后戚之。亡国至亡而后知亡，至死而后知死，亡国之祸败，不可胜悔也。……财物货宝以大为重，政教功名反是，能积微者速成。

——《荀子·强国》

注释

〔1〕善：不怠弃。

〔2〕大荒：荒废不治。

〔3〕敬：不敢怠慢。

译文

所以珍惜每天的时光去积累的人能称王天下，珍惜每个季度的时光去积累的人能称霸诸侯，平日不积功累业等到有了漏洞再去补救的人就危险，荒废不治功业的人则会灭亡。所以称王天下的人重视每天的积累，称霸诸侯的人重视每个季度的积累，勉强存活的国家等到危险来临才感到忧戚，要灭亡的国家等到灭亡的时候才认识到灭亡，到死的那一刻才知道死亡，等到灾祸来临再后悔也来不及了。……钱财、物资、货物、宝贝因为大才贵重，政治教化功业名声却与此相反，只有积累小事的人才能快速成功。

解析

这一段话指出荀子理想中"王道"社会的经济状况，积少成多，欲做大事要从小事做起，这些都是我们熟悉的道理。但是荀子将其引入政治领域，说明君主在位要"日日留心于庶事，不可怠忽"。只有通过每日积累，一步一个脚印地走实每一步，才能实现政治功业。扩大来说，应将"积微"应用到每一件事上，"能积微者速成"。

凡兼人者有三术：有以德兼人者，有以力兼人者，有以富兼人者。……故曰：以德兼人者王，以力兼人者弱〔1〕，以富兼人者贫〔2〕，古今一也。

——《荀子·议兵》

注释

〔1〕以力兼人，别的国因惧怕权威而服从。这个过程或要出兵打仗，耗费更多的军力，军队的供养也随之增加，故言弱也。

〔2〕以富兼人，他国人民"用贫求富，用饥求饱"，故要打开粮仓用粮食养活他们，让他们富裕起来，故言贫也。

译文

兼并他国有三种方法：以德兼并、以军事武力兼并以及凭富足兼并。……所以说，凭借德性兼并他国者称王天下，用武力兼并他国者会使得自己实力减弱，用富足兼并他国者使自己贫穷。这个道理，过去现在都一样。

解析

荀子认为，在国家的对外政策上，有三种能兼并别国的方法：以德、以力、以财。其中以力、财虽也可"兼人"，但是也在损耗自己的实力、财力。最好的做法还是通过以德服人，通过仁声远扬使得民心归附，也不必再发起战争。在这一点上，荀子是反对战争的。荀子议兵常以仁义为本，战争是用来禁暴除害的，而不是用来争夺的。所以为了争夺引起的战争是为荀子所反对的，但正义之战可以进行。

天下为公 大同世界

彼贵我名声，美我德行，欲为我民，故辟门除涂，以迎吾入〔1〕。因其民，袭其处，而百姓皆安。立法施令，莫不顺比〔2〕。是故得地而权弥重，兼人而兵俞强：是以德兼人者也。

——《荀子·议兵》

注释

〔1〕杨倞注："辟与闢同，开也。除涂，治其道涂也。"拥有美好的名声与德行的君主，可以对他国百姓产生持久的吸引力，人们愿意主动打开门、扫除道路上的障碍以迎王者之师。

〔2〕王先谦注："袭，亦因也。"杨倞注："比，亲附也。施令则民亲比之。"君主在治理新近归附的百姓时，不侵扰他们的居住环境，让百姓可以安稳地生活，作为回报，君主的政令也会得到百姓的拥护。

译文

依靠德行而拥有美好名声的君王，他国的百姓也会尊敬他的名声与德行，因而向往成为其臣民。当其征伐他国的时候，他国之民会主动清扫道路上的障碍，以此来迎接王者之师。君王顺着百姓对他的爱悦，不侵扰他们的居住环境，让百姓拥有稳定的生活。国君的仁爱之行可以激发百姓对他的敬重、爱护之心，因而其政令能够畅行无阻。只有依靠自身的德行来征伐兼并他国、实现他国之民归附的君王，才能够做到取得土地越多而权势越重，兼并了他国而其兵力愈发强大的效果。

　　即使是在兼并他国、安定天下、希望别国能够归顺的时候，道德依旧可以在确立国与国的牢固关系中起到不可取代的积极作用。在荀子看来，安定天下、最终让他国归附，需要本国投入大量优势资源，这原来是一个消耗自身力量以维持双方关系的行为。但是通过以德服人，可以消解此种困境。原因在于，人们都向往着良善的生活，由内心生发出的此种期盼，可以超越国别、地区的限制。正是在此意义上，君主的有德的行为可以加深他国百姓对他的信任，从而建立起彼此间牢固的联系。

非贵我名声也，非美我德行也，彼畏我威，劫我势〔1〕，故民虽有离心，不敢有畔虑，若是则戎甲俞众，奉养必费〔2〕。是故得地而权弥轻，兼人而兵俞弱：是以力兼人者也。

——《荀子·议兵》

注释

〔1〕杨倞注："为我势所劫也。"他国百姓出于对征伐国威势的畏惧，会被其威势胁迫，也会服从其权威。

〔2〕杨倞注："奉养戎甲，必繁费也。"建立在畏惧征伐国威势基础上的服从是不稳固的，因而征伐国需要更多的兵力来维持秩序的稳定，这也意味着需要耗费更多的物资来维持军队的运行。

译文

当他国百姓不是因为敬重君主的名声与德行，而是出于畏惧征伐国国君的威势，被其威势胁迫而服从的话，即便他国百姓有不愿服从之心，也不敢流露背叛的意图。处于此种情景，征伐国的君主就需要更多的兵力维持秩序，随之而来的是维持军队运行的费用必定更多。当君主通过力量、武力的优势兼并他国，以此维持双方关系的时候，这会带来取得了新的土地而国君的权势越轻，兼并了他国而其兵力越弱的效果。

解析

在确立与他国关系的时候，以力服人的现象更为常见。借助力量上的优势，本国得以维持在双边关系中的主导地位。但是在荀子看来，以力服人并不能带来更为积极的双边关系，他国的归顺与服从只是建立在其暂时的弱势地位基础上。以力量压制他人所带来的结果是，为了保持自己的主导地位，为了防止别人背叛，君主不得不更为依赖强大的力量，不得不继续加强力量上的优势地位。但是，力量终归不可能长盛不衰，力量的分散、国家重心转变到军事建设方面，也可能带来君主权势的衰微。可见，以力服人者并不能长久地扩大本国的影响力，也不能真正带来其他国家的归顺。最终的结局正如曾子所说的："出乎尔者，反乎尔者。"

非贵我名声也，非美我德行也，用贫求富，用饥求饱，虚腹张口，来归我食。若是，则必发夫掌窌之粟以食之〔1〕，委之财货以富之，立良有司以接之〔2〕，已期三年，然后民可信也〔3〕。是故得地而权弥轻，兼人而国俞贫：是以富兼人者也。

——《荀子·议兵》

注释

〔1〕杨倞注："地藏曰窌"。王引之注："掌，当为稟。"王先谦注："稟、窌皆所以藏粟。"食（sì），喂养。这里指的是开仓济民的意思。

〔2〕杨倞注："立温良之有司以慰接之，惧其畔去也。"君主担心他国百姓背叛本国，给予他们特别优厚的待遇与良好的生活环境。

〔3〕俞樾注："已期三年，犹云'已极三年'。"这里指的是已满三年的意思。

译文

当他国百姓不是因为敬重君主的名声与德行，而是因为现实的生活贫困所迫而归顺服从的话，他们是想借助归附以实现摆脱贫困与饥饿，也有着追求富足、饱暖的生活的期盼。处于此种情景，君主恰好可以借助自身的优势，扩大自身的影响力。君主一定会开仓济民以满足他国百姓对于食物的需求，也会给予他们财物帮助其追求富足的生活，更会委派有德的官员关注他们的生活，经过三年时光的磨炼，他国新近归附的百姓才会变得值得信赖。当君主通过自身的富裕、财物的充足等优势以兼并他国，吸引他国百姓归顺，以此维持双方关系的时候，这会带来取得了新的土地而国君的权势越轻，兼并了他国、吸引了他国百姓归附而本国愈发贫困的效果。

▎解析▎

扩大自身的影响力、吸引别国百姓归附以及建立巩固的双边关系，看似存在着诸多道路可供选择。在以德服人、以力服人之外，还存在着君主通过给予优厚的待遇、丰厚的财物的第三种方式。以富兼人的行为看似更为美好，似乎也能体现仁爱他国百姓之心，但是在荀子看来，这种行为之中却蕴含着走向其反面的矛盾与困难。一方面，他国百姓出于特定现实需要才选择归顺，以利为导向的双边关系会带来信任的缺失，因而君主不得不耗费大量物力财力来维持这种关系，但是援助的行为也会有个限度，这也意味着即便君主采取特别多的行为，他国百姓依然有叛离的可能；另一方面，一个国家的资源是有限的，厚此意味着薄彼，不可能永远靠财富来吸引他国百姓的归顺，也不能建立起真正的由内及外、由近及远的天下秩序。

天下为公　大同世界

孟子见梁惠王〔1〕。王曰："叟不远千里而来，亦将有以利吾国乎？"孟子对曰："王何必曰利？亦有仁义而已矣〔2〕。王曰'何以利吾国'？大夫曰'何以利吾家'？士庶人曰'何以利吾身'？上下交征利而国危矣。万乘之国弑其君者，必千乘之家；千乘之国弑其君者，必百乘之家。万取千焉，千取百焉，不为不多矣。苟为后义而先利，不夺不厌。未有仁而遗其亲者也，未有义而后其君者也〔3〕。王亦曰仁义而已矣，何必曰利？"

——《孟子·梁惠王上》

注释

〔1〕《史记·孟子荀卿列传》："当是之时，秦用商鞅，楚卫用吴起，齐用孙子、田忌。天下方务于合纵连横，以功伐为贤。"朱熹注："梁惠王，魏侯䓨也。都大梁，僭称王，谥曰惠。"战国时期，诸侯国追求国家力量上的强盛，以此来保卫自己、兼并他国。在此背景下，孟子到达魏国，拜见魏侯魏䓨。

〔2〕朱熹注："王所谓利，盖富国强兵之类。"赵岐注："孟子知王欲以富国强兵为利，故曰王何必以利为名乎，亦有仁义之道者，可以为名。"如何追逐富国强兵之利，是梁惠王的核心关切，但是在孟子看来，国家的治理需要有更高的视野，这意味着以仁义为导向在国家治理中占据着核心地位。

〔3〕朱熹注："此言仁义未尝不利，以明上文'亦有仁义而已'之意也。"以仁义为导向，并不是迂阔、空洞的言说，它可以保证国家的向善与有序，因而可以带来更大的、更长久的利。

译文

孟子拜见梁惠王。梁惠王说:"老先生,你不远千里而来,一定是有什么对我的国家有利的高见吧?"孟子回答说:"大王!何必说利呢?只要说仁义就行了。大王说'怎样使我的国家有利?'大夫说,'怎样使我的家庭有利?'一般人士和老百姓说,'怎样使我自己有利?'结果是上上下下互相争夺利益,国家就危险了啊!在一个拥有一万辆兵车的国家里,杀害它国君的人,一定是拥有一千辆兵车的大夫;在一个拥有一千辆兵车的国家里,杀害它国君的人,一定是拥有一百辆兵车的大夫。这些大夫在一万辆兵车的国家中就拥有一千辆,在一千辆兵车的国家中就拥有一百辆,他们的拥有不算不多。可是,如果把义放在后而把利摆在前,他们不夺得国君的地位是永远不会满足的。反过来说,从来没有讲仁的人却抛弃父母的,从来也没有讲义的人却不顾君王的。所以,大王只说仁义就行了,何必说利呢?"

解析

作为《孟子》的开篇,这段文本承载着对治国之道反思的深意。面对梁惠王对于如何实现富国强兵的迫切关切,孟子的回答凸显了躬行仁义之道与追逐利益之间的张力。在孟子看来,梁惠王追求的富国强兵,一方面落脚于实现国家力量上的强盛,由于国家的富强可能建立在更大程度汲取民力的基础上,因而国家的强大并不一定意味着百姓生活的安康;另一方面在国家治理过程中,以利益为导向,会使得人们永不满足、想要追逐更大的利益,这意味着人们抛弃了自身拥有的美好品性,从而使整个社会陷于秩序的败坏之中。

也就是说,在国家治理方面,呈现出了以仁义为导向和以利益为导向这两种不同的治国方式之别。以仁义为导向,看似迂阔、不易见效,但它可以带来国家的长治久安与百姓生活的美好向善,从而可以带来更大的利。

仁人者，正其道不谋其利，修其理不急其功〔1〕，致无为而习俗大化，可谓仁圣矣，三王是也〔2〕；春秋之义，贵信而贱诈〔3〕，诈人而胜之，虽有功，君子弗为也。是以仲尼之门，五尺童子言羞称五伯，为其诈以成功，苟为而已也，故不足称于大君子之门。

——《春秋繁露·对胶西王越大夫不得为仁》

注释

〔1〕《汉书·董仲舒传》："夫仁人者，正其谊不谋其利，明其道不计其功。是以仲尼之门，五尺之童羞称五伯，为其先诈力而后仁谊也。"

〔2〕《论语·为政》："为政以德，譬如北辰，居其所而众星拱之。"正文中的"致无为而习俗大化"，并不是指君主不做任何事情就可以实现移风易俗的效果，而是指德治在政治生活当中占据着中心地位，君主有德的行为融入百姓的生活之中，进而使得万物各得其所、各司其职，这也意味着君主不大包大揽、不统辖一切。

〔3〕《春秋繁露·王道》："《春秋》纪纤芥之失，反之王道，追古贵信，结言而已，不至用牲盟而后成约，故曰：'齐侯卫侯胥命于蒲。'传曰：'古者不盟，结言而退。'"这里指的是贵重信义而鄙薄奸诈之行，是《春秋》中彰显的义法之一。

译文

有仁德之人，关注的是如何用仁义之道来匡正自己的行为，而不是谋求着获取更多的利益；关心的是如何行事才能循着事物的当然之理，而不是急于寻求现实的事功。当其致力于通过有德的行为，无为而治，最终通过教化移风易俗之时，才可以被称为仁人或圣人。夏禹、商汤、周文王与周武王正是这样的人。贵重信义而鄙薄奸诈之行，是《春秋》中彰显的义法之一。如果采取欺诈的行为获取胜利，即使取得了暂时的功业，有德的君子也不会去做。因此在对待春秋五霸的态度上，孔子以来的儒者都羞于谈论五霸的功业，即便是受儒家影响的五尺小孩也是如此。这是因为春秋五霸采取欺诈的行为成就了功业，这是一种苟且的行为，因而他们的功业在孔子的门下不足以称道。

| 解析 |

在董仲舒的论述中，对待王道与霸道的不同态度依旧涉及了义利的关系问题。当巨大的现实功业摆在人们面前的时候，霸主的不合仁义之德的行为看似不值一提，但是在儒家看来，相比于霸道来说王道依旧更为可取，儒家用王道政治理念彰显着对于政治应然走向的思考。也就是，霸道虽然可以取得巨大的现实功业，但它对人们的良善生活并不带来更多的意义；在人们的生活中，除了生存之外还有更多的价值值得追求，因而王道政治彰显着这些价值对于人们生活的可贵之处。当政治秩序不断趋近王道政治的时候，它会对整个文明的延续及人们的生活带来不可磨灭的积极影响。

天下为公　大同世界

天之生民非为王也，而天立王以为民也〔1〕。故其德足以安乐民者，天与之；其恶足以贼害民者，天夺之〔2〕。

——《春秋繁露·尧舜不擅移汤武不专杀》

注释

〔1〕《汉书·谷永传》："方制海内非为天子，列土封疆非为诸侯，皆以为民也。"正文的意思是，君主虽然拥有着极其尊贵的地位，但是百姓才是政治生活的中心，对百姓生活的关注是国家治理的重中之重。

〔2〕《孟子·万章上》："万章曰：'尧以天下与舜，有诸？'孟子曰：'否，天子不能以天下与人。''然则舜有天下也，孰与之？'曰：'天与之。''天与之者，谆谆然命之乎？'曰：'否，天不言，以行与事示之而已矣。'"正文的意思是，一方面君主统治地位的获得或者失去，建立在对于百姓生活的满足或破坏的基础上；另一方面，君主的统治合法性来源于上天，上天根据君主行为的有德与否，来决定其统治合法性的获得或失去，这靠人力是无法强求获得的。

译文

上天生养民众，并不是为了让君主拥有统治的对象；上天将天命授予王者，是为了让百姓能够更好地生活。因而当君主通过有德的行为，使百姓得以安居乐业的时候，上天就会把天下交给他；当君主通过邪恶的行为残害百姓的时候，上天就会剥夺他的统治天下的身份与地位。

解析

在政治生活中，君主拥有着极其尊贵且重要的地位与权力，这是百姓无法匹敌的。儒家在天、君、民的架构中展现其对于政治生活的思考。在儒家看来，上天并不是自然之天，它承载着诸多价值。人们的生活与上天息息相关，美好的生活来自对于天地之道的体认与践行。在这个意义上，一方面，君主之所以拥有尊贵的地位，正在于他可以引领着百姓更好地建设体现天地之道的生活方式；另一方面，现实的政治权力并不能作为君主统治合法性的依据，百姓生活的好坏才是上天关注的重心，因而即便君主拥有着极高的权力与地位，他并不能肆意妄为地行使权力，上天会通过百姓的切实反应来决定是否赋予或者剥夺君主统治天下的地位。

天下为公　大同世界

王者，民之所往〔1〕；君者，不失其群者也〔2〕。故能使万民往之，而能得天下之群者，无敌于天下〔3〕。

——《春秋繁露·灭国篇》

注释

〔1〕《白虎通·号》："号者，功之表也"；"仁义合者称王，别优劣也"；"王者，往也，天下往之谓之王"。苏舆注："王、往双声，未有民不向往而能为王者。"此处通过音训来表明王字的字义。王是统治者的称号之一，被称为王者的统治者，拥有崇高的品德，其行为符合仁义之道，具有能够吸引天下民众归往、向往的特质。

〔2〕《春秋繁露·深察名号》："君者，群也。"《白虎通·三纲六纪》："君，群也，群下之所归心也。"君是统治者的另外一个称号，被称为君的统治者，具有能够让属下诚心归附的特质。

〔3〕《孟子·公孙丑上》："无敌于天下者，天吏也。"《孟子·梁惠王上》："仁者无敌，王请勿疑。"《孟子·梁惠王下》："闻诛一夫纣矣，未闻弑君也。"既能使天下百姓的慕化归往，又能让天下臣民诚心归附的统治者，才具有作为天吏的身份，以此征讨天下、建构天下秩序。

译文

被称为王者的统治者，拥有崇高的品德，具有能够吸引天下民众慕化归往的特质。被称为君的统治者，具有能够让属下诚心归顺、备受拥戴的特质。因此，能使广大民众慕化向往，又能得到天下臣民拥戴归顺的帝王，在建构天下秩序的时候便可以无敌于天下。

▌解析▐

　　统治者的称号，一方面蕴含着表彰统治者的某种特质及其功业德行，另一方面不同称号之间有着大小优劣之分。作为称号之一的君，原本彰显的是其具有得到一国之内属下的诚心拥护而非众叛亲离的特质，而王这一称号，彰显的是统治者拥有使天下百姓慕化向往的特质。因而要成为天下无敌的王者，其必须立足于对于自身道德品行的磨炼，在更大的范围内关心百姓的生活，以此作为得到天下臣民向往归附的方式。

天下为公　大同世界

古之造文者，三画而连其中，谓之王〔1〕；三画者，天地与人也，而连其中者，通其道也，取天地与人之中以为贯，而参通之，非王者孰能当是〔2〕？是故王者唯天之施，施其时而成之，法其命而循之诸人，法其数而以起事，治其道而以出法，治其志而归之于仁。仁之美者在于天，天仁也，天覆育万物，既化而生之，有养而成之，事功无已，终而复始，凡举归之以奉人〔3〕。察于天之意，无穷极之仁也。

——《春秋繁露·王道通三》

注释

〔1〕《孝经·援神契》："仓颉文字者，总而为言，包义以名事。分而为义，则文者祖父，字者子孙，得之自然，备其文理，象形之属，则谓之文。"古代圣人在创造文字的时候，通过象形来表达其对于事物背后蕴含的条理的认识。从字形结构来看，王字也承载着类似的意义。

〔2〕凌曙引徐锴《说文解字系传》注："王者则天之明，因地之义，通人之情，一以贯之，故于文贯三为王。王者，居中也，皇极之道也。"天、地、人分别代表着王字的三画，王者居中，把天、地、人三者贯通参合在一起。只有王者才能担负且做好这样的职责。

〔3〕《春秋繁露·离合根》："天高其位而下其施。"《春秋繁露·俞序》："仁，天心。"《春秋繁露·官志象天》："备天数以参事，治谨于道之意也。"上天仁爱生养万物，王者作为上天的代表治理天下，其政治活动需要效法天地之道以行事。

古代创造文字的圣人，先画三条横线，再用一条竖线把三条横线连起来，他们把这个字称为王字。横线的三画，分别代表着上天、大地与人类，中间连接着三画的竖线，代表着建立起沟通天地人三者的通道。这也意味着它能贯通参合天地与人，除了王者之外谁又能担负起这样的职责呢？因此王者效法上天来行事，顺应四时的变化而成就好的年岁，效法天命而生养百姓，效法天数而展开政治生活，效法天道的运行而推行相关的法令，实现上天的意志而将其归为仁。美好的仁德来自上天，天是仁爱万物的。上天覆载和养育万物，化育万物使其得以继续生长，养育万物而使其得以成就自身。上天仁爱生养万物之德永不停息，终而复始，这一切都是为了成就人们。由此可以体察到上天的意旨，即展现无穷尽的仁爱之心。

解析

在政治生活中，王者是贯通天、地、人三者的桥梁，天地之德通过王者的政治行为展现在百姓的生活之中。因而缺少王者的努力，百姓的良善生活也无所着落；忽视百姓的生活，也会使得统治者失去成为王者的资格以及统治地位。上天仁爱生养万物，王者受命于天，因此王者必须取法于天，行仁于民。

天下为公　大同世界

仁、义、礼、信，天下之达道[1]，而王霸之所同也。夫王之与霸，其所以用者则同，而其所以名者则异，何也？盖其心异而已矣。其心异则其事异，其事异则其功异，其功异则其名不得不异也[2]。王者之道，其心非有求于天下也，所以为仁、义、礼、信者，以为吾所当为而已矣，以仁、义、礼、信修其身而移之政，则天下莫不化之也。是故王者之治，知为之于此，不知求之于彼，而彼固已化矣。霸者之道则不然，其心未尝仁也，而患天下恶其不仁，于是示之以仁；其心未尝义也，而患天下恶其不义，于是示之以义。其于礼信亦若是而已矣。是故霸者之心为利，而假王者之道以示其所欲。其有为也，唯恐民之不见，而天下之不闻也，故曰其心异也。

——王安石《临川文集·王霸》

注释

〔1〕朱熹注《中庸》曰："达道者，天下古今所共由之路。"此处指的是仁、义、礼、信，是王道与霸道都会遵循的行为准则。

〔2〕心异指的是行为的动机，事异指的是行事的方式，功异指的是行事的效果。在王安石看来，王道与霸道的区别不在于遵循的价值原则有别，而在于践行仁义之道的心有别。

译文

仁、义、礼、信，是天下百姓都认可的价值，是王道与霸道都会遵循的行为准则。既然王道与霸道遵循了共同的价值准则，那么为什么还会有着王道与霸道的不同称呼呢？这是因为他们行仁义之道的动机出现了分别。当动机不同的时候会引起行事方式的差别，行事手段的有别会导致最终实现的功业也出现差别。因而自然需要用王道、霸道这样的不同名称来彰显最终功业上的差别。王者所走的道路是，他并没有欲求得到天下的本心，之所以践行仁义礼信，只是因为他意识到该如此行事，他通过仁义礼信来涵养德性、陶冶身心，并进而在政令当中展现出来，此时天下百姓都会被教化。因此王者实现的社会大治展现为，做其所应该做的事情，不夹杂功利之心，但是却能实现教化流行的效果。霸者所走的路却不一样，霸者并没有践行仁德之心，出于害怕天下百姓厌恶反感他的不仁之行，不得不展现出有仁德的行为。霸者并没有践行信义之心，出于害怕天下百姓厌恶反感他的不义之行，不得不展现出守信义的行为。对于礼、信等价值原则，霸者也循着相似的动机。可见，霸者的本心是追求利的，只是借助王道来掩盖他本心的欲求。当他做出符合价值原则的具体行为的时候，他只怕百姓看不到他的所作所为，但是天下百姓却享受不到这种行为带来的积极效果，因此说霸者的本心有异于王者行事的本心。

| 解析 |

在王安石看来，王道与霸道都遵循着仁义礼信的行为准则，但是他们存在着心术的不同，此种不同使得最后呈现出王道与霸道的不同道路。霸者本来没有践行仁义礼信的本心，但是为了笼络人心，他不得不借助对于仁义礼信的践行，以实现内心的更大欲求。当行为动机出现区别之后，这最终决定了取得功业以及对于人心影响的大小之别。由王者、霸者的行为动机不同，也可以看出他们所践行的道德原则相似，但是存在着真假之别。这种思路最终导向了在心性层面对于义利问题的探讨。

天下为公　大同世界

得天理之正〔1〕，极人伦之至者，尧舜之道也。用其私心，依仁义之偏者，霸者之事也。王道如砥〔2〕，本乎人情，出乎礼义，若履大路而行，无复回曲。霸者崎岖，反侧于曲径之中，而卒不可与入尧舜之道。故诚心而王则王矣，假之而霸则霸矣。二者其道不同，则在择审其初而已。《易》所谓"差若毫厘，谬以千里"者〔3〕，其初不可不审也。

——程颢《论王霸札子》

注释

〔1〕天理指的是自然的道德法则，它强调道德法则的先验性，不是主观可以改变的。

〔2〕《诗经·小雅·大东》作："周道如砥。"砥，磨刀石。正文指的是，王道就像磨刀石一样平坦且自然。

〔3〕《礼记·经解》："《易》曰：'君子慎始，差若毫厘，缪以千里。'"正文的意思是，在本心发动的初始，必须谨慎。

译文

准确把握到了自然的道德法则，把人伦展现到了极致，这就是尧舜之道。顺着自己的一己之心，没有按照仁义之道行事，这是霸者的行为。王道就像磨刀石一样平坦且自然，它顺应人情，以礼义为本，这就像行走在宽阔的马路上一样，没有弯弯曲曲的地方。霸者走的是曲折的小径，终不能进入尧舜所走过的王道。因此诚心诚意展现仁爱天下百姓之心、循着尧舜指明的方向去践行，这样的统治者最终可以王天下；假借仁义之道来追求霸道，这样的统治者最终可以称霸诸侯。王道与霸道所走的路不同，关键在于出发之初产生了分别。正如《易》中所说的"开始时的细微之别，最终会形成巨大的差错"，因此在本心发动的初始，就必须慎之又慎。

解析

程颢强调，王者之道符合自然的天理，它顺应人情、合乎礼义之道，而霸道则违背了自然的道德法则，他循着一己之心。展现在现实生活中，霸者虽然也践行仁义，但是霸者的践行是有条件的，只有满足了他的利益与有利于追逐更大的欲求，霸者才会把仁义之道摆上台面，但是这样的行为终究把仁义之道当作实现利益的手段，当更大的利益摆在面前的时候，霸者很容易抛弃仁义之道。在程颢看来，问题的关键在于以天理之正来纠正一己私心，从本心的发动之处开始，就需要慎之又慎。

第四篇

博 爱

「仁」的观念在周代仅局限为爱亲，而孔子将「仁」扩展为对「人」本身的、具有普遍向度的爱。这是儒家「仁学」建立的根本出发点。战国两汉以至唐代，儒家始终有一个以「博爱」来理解「仁」的传统。至于宋明，虽然不再继续这样定义，但「博爱」的精神原则仍然体现在「以天地万物为一体」、以「知觉」言「仁」说法中。

樊迟[1]问仁[2]。子曰："爱人。"

——《论语·颜渊》

▎注释▎

〔1〕樊迟，名须，字子迟，鲁国人，孔子弟子。据《孔子家语》记载，樊迟小孔子四十六岁。

〔2〕"仁"是儒家核心思想。孔子因材施教，在不同的语境下会针对弟子的问仁作出相应的回答。如孔子于此章的回应便是指出"仁"的其中一个性质与实践内容是"爱人"。

▎译文▎

樊迟向孔子询问"仁"是什么，孔子回答他说："爱人。"

▎解析▎

在周文疲敝的春秋时期，孔子提出了"仁"的思想，试图重建礼乐文明。儒家的"仁"不是一种虚悬的原则或道理，而是必须实践于生活，方能体证其价值。所以，孔子在回应弟子问仁的时候，给予了许多具体的实践方式，如"克己复礼为仁""己所不欲，勿施于人"（《论语·颜渊》）、"居处恭，执事敬，与人忠"（《论语·子路》）、"博学而笃志，切问而近思，仁在其中矣"（《论语·子张》）等。

朱熹《四书章句集注》在注释此章时，说道："爱人，仁之施"，揭示了"爱人"所具有的实践性质。孔子的爱包含了爱情、友情、亲情、博爱以及人对所有事物的根本情感。这种爱不是一蹴而就

天下为公　大同世界

213

的，而是能够由近及远、推己及人，尊重他人并为他人着想，并在最终达到博爱的层次。人们相互敬爱尊重，肯定彼此的价值，这是重建意义世界与精神家园的基础。

君子以仁存心，以礼存心[1]。仁者爱人，有礼者敬人。爱人者人恒爱之，敬人者人恒敬之。

——《孟子·离娄下》

注释

[1] 存心是儒家的一种修养功夫，以"仁""礼"保存涵养自己的心灵，使人能爱人、敬人，并时刻提醒与检讨自身在道德实践上的不足。

译文

君子以仁存养心，以礼来存养心。仁人能爱人，有礼的人能敬人。能爱他人的人，他人也会爱他；能尊敬他人的人，他人也会尊敬他。

解析

《孟子·离娄下》章的内容是孟子区别君子与一般人在存心上的不同。君子是儒家的理想人格，不仅在道德上具有崇高的志向，也必须肩负起政治责任。孟子认为君子必须以仁与礼存养其心，因为有仁有礼方能爱人敬人，并以之践履自己的责任，而民众也会因君子的德行而敬爱他。

子墨子言：视人之国，若视其国。视人之家，若视其家。视人之身，若视其身。是故诸侯相爱，则不野战。家主〔1〕相爱，则不相篡。人与人相爱，则不相贼。君臣相爱，则惠忠。父子相爱，则慈孝。兄弟相爱，则和调。天下之人皆相爱，强不执弱，众不劫〔2〕寡，富不侮贫，贵不敖贱，诈不欺愚。凡天下祸篡怨恨，可使毋起者，以相爱生也。是以仁者誉之。

——《墨子·兼爱中》

注释

〔1〕家主：春秋时期国与家的概念和现在不同，延续了周王朝的分封制度，国指的是诸侯国，诸侯是一国之主；家指的是卿大夫的采邑，卿大夫是一家之主。

〔2〕劫：有威逼、胁迫的意思。

译文

墨子说：看待别人的国家如同看待自己的国家。看待别人的采邑如同自己的采邑。看待别人的身体，如同看待自己的身体。若照这样的方式实践，那么诸侯便会相互敬爱而不轻易发动战争，卿大夫也不会相互篡夺。人与人相爱，就不会相互伤害。君臣相爱，就能做到君主对臣下施与恩惠，而臣下对君主尽忠。父子相爱，则能做到父亲慈爱，子女孝顺。兄弟相爱，则能达致和谐的手足关系。天下的人都能相互敬爱，强者不会压迫弱者，人数众多的不会欺凌势单力薄的，富人不会侮辱穷人，贵者不会傲视贱者，狡诈者不会欺骗愚钝者。之所以能使天下的祸乱、篡夺、怨恨都不再发生，是由于人们开始相爱的缘故，所以仁人赞美相爱。

┃解析┃

  墨子是墨家的创始者，主张"兼爱""非攻"。墨家的"兼爱"不能直接等同于儒家的"仁"，但二者之间依然存在一些共通之处。如此章中，墨子首先强调了换位思考，要求人们能够站在他人的立场上思考与感受对方的利害考量与情感，从而建立起人与人之间的联系与相互理解。在此基础上，墨子认为人与人之间若能相爱互助，便能使天下的矛盾与冲突平息下来。"人类命运共同体"的思想，正是深刻鉴于国际之间缺乏理解，无法互惠互存，导致乱象频生，而提出的一个超越种族、文化、国家界限的人类发展图景。

上圣卓然先行敬让博爱之德者〔1〕，众心说而从之，从之成群，是为君矣；归而往之，是为王矣。《洪范》曰："天子作民父母，为天下王。"圣人取类以正名，而谓君为父母，明仁爱德让，王道之本也。

——班固《汉书·刑法志》

注释

〔1〕上圣是指上古圣王。卓然：有率先之意。

译文

上古圣王率先以敬让博爱的德行成为天下万民的榜样，并以之治理、教化百姓。百姓对其治理感到愉悦便跟随圣王，并形成了群居聚落，于是圣王便成为君主；百姓愿意归顺于他们，于是他们便成为王。《尚书·洪范》记载道："天子作为百姓的父母，成为天下之王。"圣人选取相类的称谓以制定名分，称君王为父母，是要阐明：仁爱德让的德行是王道政治的根本。

解析

《汉书·刑法志》是我国历史上首次对周代到东汉初年刑法制度的历史沿革、法令内容和实施利弊进行述评的作品。本选段以上古圣王作为榜样，宣扬一种以"仁爱"为核心的政治观、司法观。圣王仁爱百姓，才能为百姓所归往，他所设立的礼法制度，才能为百姓所心悦诚服地遵守。

圣人之道，不能独以威势〔1〕成政，必有教化。故曰：先之以博爱，教以仁也。

——《春秋繁露·为人者天》

注释

〔1〕威势是法家常用术语，如《韩非子·人主》说："威势者，人主之筋力也"，指威势是君主征伐诸侯，驱使臣下的力量。

译文

圣人治理国家的方法，不能仅靠威势来达成政治，必须要有教化。所以说：统治者要先施行博爱于百姓，即是用儒家的仁来教化百姓。

解析

汉代政治受黄老及法家思想深远，董仲舒作为武帝时期的大儒，深刻意识到仅有威势的政治不能成就真正的圣人之道（儒家的理想政治形态）。法家重刑罚，对百姓虽有震慑力，但同样会压迫百姓的心理，使社会人人自危。所以董仲舒认为，教化必须以博爱（仁）为先，唯有儒家的仁能消解社会的肃杀，重新建立起人与人之间的信任。

天下为公　大同世界

博爱〔1〕之谓仁。

——韩愈《原道》

注释

〔1〕博爱是无私、平等且超越一切种族、国家、意识形态等各种框架，纯粹的人类情感。

译文

博爱说的便是仁。

解析

韩愈是唐代的重要儒者，他与董仲舒同样以"博爱"来规定"仁"的内涵，指出儒家的仁爱是能够遍及于众的。虽然有些儒者会严格区分儒家的博爱与墨家、佛教的差别，但这些差别往往只是实践过程的不同，博爱的根本内涵是被各家所承认且推崇的。

医书言手足痿痹为不仁〔1〕，此言最善名状。仁者，以天地万物为一体〔2〕，莫非己也。认得为己，何所不至？若不有诸己，自不与己相干。如手足不仁，气已不贯，皆不属己。故"博施济众"〔3〕，乃圣之功用。

——程颢《识仁篇》

注释

〔1〕此处的医书是指《黄帝内经·素问》中的《痿论篇》与《痹论篇》。痿痹则是指肢体麻痹，没有知觉。

〔2〕明道认为，真正的仁（仁者）是能够感通天地万物的生命，体认万物一体的生命境界。在体认此境界后，仁者自觉承担起成己成物、立人达人的使命，最终达致"博施济众"。

〔3〕语出《论语·雍也》，孔子认为若能达到"博施于民而能济众"，便已是圣人的事功。

译文

医书将肢体麻痹、没有知觉的症状称为"不仁"，这个词形容得特别好。所谓仁者，是以天地万物感通不隔而为一体，没有任何事物是不与我相关的。若能体认到天地万物都与自己存在根本的联系，那么仁的发用是无所不至的。如果否定天地万物与自己存在联系，那一切事物就与自己没有任何相干。就像手足麻痹，没有知觉，气在身体中的运行已经不能贯通，手足就像是不属于自己的。所以，能够以天地万物为一体，博施恩惠、救济万民，是圣人的功用。

天下为公　大同世界

|解析|

　　程颢是北宋的重要儒者，与周敦颐、邵雍、张载及程颐合称"北宋五子"，是宋明理学的开创者之一。他以医书所说的形体上的"仁"（知觉）来规定与说明儒家的"仁"，是在孔子仁学基础上进行了更深层次的展开。程颢认为，仁是内在于生命的、精神上的、道德的觉察。当我们使仁在生命中呈现发用时，便能觉察到我们并非孤立的个体，人与人之间的相互理解、敬爱也并非遥不可及。

　　理学家希望在混浊痛苦的现实世界中，人能不断澄澈自己的生命，使精诚磊落的自性得以呈现，贞定自己的价值，并对他人的苦难加以同情关注。我们不必非得像圣人般"博施济众"，只需觉察自身，从周遭一步步做起，和谐且充满希望的社会便不会远。

阳明子曰："大人者〔1〕，以天地万物为一体者也。其视天下犹一家，中国犹一人焉。若夫间形骸而分尔我者，小人矣。大人之能以天地万物为一体也，非意之也，其心之仁本若是〔2〕，其与天地万物而为一也。岂惟大人，虽小人之心亦莫不然，彼顾自小之耳。"

——王阳明《大学问》

注释

〔1〕儒家评判大人、小人的标准在于其德性与所愿承担的道德责任，如《孟子·告子上》说："从其大体为小人，从其小体为小人。"

〔2〕王阳明指出大人以天地万物为一体，不是提出一套理论刻意为之，而是至善完满的人心（性）本就与天地万物贯通为一。

译文

王阳明说："儒家所谓的'大人'，指的是能感通天地万物，并将其视作为一整体的人。他们（大人）将天下视作一家，中国视作一人。如果有人以形躯的差异来区别你我，这就是所谓的'小人'。大人能以天地万物为一体，并不是他们刻意去做为的，而是心的仁德本便是如此，能与天地万物贯通为一。而这（仁心）岂是大人所独有的，即使是小人之心亦是有仁心，只不过他们只顾着自身的欲望，窄化了他们的人格。"

解析

王阳明是明代大儒，其提出的"知行合一"影响深远。在《大

天下为公 大同世界

学问》中，王阳明分判大人与小人，肯定了人都有至善之性，只不过"大人"能体认此性，自觉承担相应之责任，而"小人"因私欲所蒙蔽，拒绝承认罢了。

换言之，"大人"是能够体会到我与天地万物之间是一个生命 / 价值的统一体，而"小人"则以形骸区分你我，从而使得人与人之间出现疏离、冲突和斗争。在王阳明看来，每一个人先天禀赋的共同的"天地之性"，是人之所以异于禽兽的根本。而人与他人之间之所以应当并且能够具有亲合一体的关系，也正是由于人们禀赋了共同的天地之性，这在人身上便体现为"仁"。当我们能以仁者的眼光去看待这个世界，并充分践行上天赋予我们的道德责任，这时候人才成为真正意义上的人。

乾称父，坤称母[1]；予兹藐焉，乃混然中处。故天地之塞，吾其体；天地之帅，吾其性。[2] 民，吾同胞；物，吾与也[3]。

——张载 《西铭》

注释

〔1〕语出《周易·说卦传》："乾，天也，故称乎父；坤，地也，故称乎母。"张载以天地为父母的说法，其意在于揭示人的个体生命虽源于父母，但从宇宙与人的宏观角度来说，人则是由天地所生。依此角度，众人皆是同胞。

〔2〕天地之塞与天地之帅出自《孟子·公孙丑上》，大意是我的身体是由天地之气充塞而成，我的性是禀自天地的至善主宰。此句强调了天地所赋予人的形而上根据。

〔3〕与：参与的意思。其大意与《礼记·中庸》第二十三章的"能尽物之性，则可以赞天地之化育"相近。

译文

乾道的卦象为天，相当于父亲；坤道的卦象为地，相当于母亲。我如此渺小，处于乾坤浑然的天地之中。因此，充塞于天地之间的气形成了我的躯体；统摄天地的至善主宰则赋予了我本性。所有的人民都是我的同胞，天地生成万物的过程，我亦参与其中。

解析

张载与程颢同为理学的开创者，在其著作《西铭》中，提出了"民胞物与"的主张。他认为，人的本性禀受于天地的至善之则，所以也应当效法天地以成己成物。相较于其他儒者，张载更加强调将人的道德实践范围推扩至天地万物，这是崇高的理想，在当今也特别具有现实意义。如同世界各国在高速发展的当下，也必须重视环境保护、生态平衡，因为保护好"万物"，才能确保人类的永续发展。

大君者，吾父母宗子〔1〕；其大臣，宗子之家相也。尊高年，所以长其长；慈孤弱，所以幼其幼；圣，其合德；贤，其秀也。凡天下疲癃、残疾、茕独、鳏寡，皆吾兄弟之颠连而无告者也。〔2〕

——张载《西铭》

注释

〔1〕大君一句是指天子、君主是父母（天地）的嫡长子。

〔2〕疲癃残疾是指衰老残疾，患病受伤的人；茕独鳏寡是指孤苦无依、缺乏照顾的人。颠连：困顿艰难。

译文

天子是我们父母（天地）的嫡长子，他的大臣则是辅佐嫡长子的家臣。尊重年长的人，便是尊重我们的长辈；慈爱孤独弱小的人，便是爱护我们幼小的孩子。圣人，是能够合于父母（天地）之德的人；贤者，是我们兄弟中的优秀杰出者。凡是天下的老弱病残、孤苦无依的人，都是我们颠沛流离而无处求助的兄弟。

解析

如何看待天下所有人的关系？作为个体，我们与同胞兄弟姊妹之间的关系很明确，即具有相同的父母，所以有互相帮助的伦理义务。

张载的比喻则把天下人都是我的兄弟姊妹，君主比作天下人的长兄，由此构建起一个人类命运共同体。这样人对天下人的伦理责任感，不是因亲缘产生的，而是通过仁心的扩充和明觉而产生的。

既然所有人皆本乎天地，我与他者即使完全是陌生，却也因同出于同一本原而具有先在的伦理关系。那么我就有责任有义务去帮助和亲爱天下之人。

责任编辑：邵永忠
版式设计：顾杰珍

图书在版编目（CIP）数据

天下为公　大同世界／干春松，宫志翀 编著 . —北京：人民出版社，2022.5
（典亮世界丛书）
ISBN 978 - 7 - 01 - 024187 - 6

I. ①天…　II. ①干…②宫…　III. ①中华文化 - 通俗读物　IV. ① K203-49

中国版本图书馆 CIP 数据核字（2021）第 265437 号

天下为公　大同世界
TIANXIA WEIGONG DATONG SHIJIE

干春松　宫志翀　编著

人民出版社 出版发行
（100706　北京市东城区隆福寺街 99 号）

北京中科印刷有限公司印刷　新华书店经销

2022 年 5 月第 1 版　2022 年 5 月北京第 1 次印刷
开本：710 毫米 ×1000 毫米 1/16　印张：14.75
字数：180 千字

ISBN 978 - 7 - 01 - 024187 - 6　定价：74.00 元

邮购地址 100706　北京市东城区隆福寺街 99 号
人民东方图书销售中心　电话（010）65250042　65289539